新しいビジネスをつくり出す

「女性たちのウェルビーイング」マーケティング

Marketing for Women's Well-being

［監修］
WELL WOMAN
プロジェクト

株式会社ハー・ストーリィ
日野佳恵子

大阪公立大学大学院　教授
永田潤子

対馬ルリ子
髙宮城直子
笹尾敬子
今村優子
池田久美子
荘司祐子
細川モモ
米川瑞穂
日根麻綾
森田敦子
具嶋友紀
名和成明
小林味愛

同文舘出版

はじめに

日野佳恵子

本書は、近年注目されている「ウェルビーイング」の専門書ではありません。

また、ここ数年、話題となってきた「フェムテック」に関する専門書でもありません。

本書はズバリ、「**ビジネスヒント**」**をつかむための本**です。ビジネスのテーマを「女性のウェルビーイング」に絞り、**未着手の社会課題を掘り起こし、イノベーションのきっかけを見つけるための本**です。


なぜ、「女性のウェルビーイング×ビジネス」が重要なのでしょうか。

それは、この数年に私たちが体験した社会変化からもたらされました。

実際に、あなたのまわりではどんな変化が起きていますか？　あなた自身の価値観はどう変わりましたか？　この数年で、私たちはたくさんのことを考え、学び、強くならざるを得ないという意識に変わりました。


誰もが「健康で生き抜くこと」への意識が高まりました。

環境破壊、新型コロナウイルス、ロシアによるウクライナ侵攻……、「安全」「平凡な幸せ」が当たり前ではないと気付かされました。その期間、「ＳＤＧｓ」という提言が一般に大きく広がり、同時に、真の幸福を考える「ウェルビーイング」という言葉も広がっていきました。

「ウェルビーイング（well-being）」とは、「健康、幸福、福祉」などと直訳されます。
世界保健機関（ＷＨＯ）憲章では、
「健康とは、病気ではないとか、弱っていないということではなく、肉体的にも、精神的にも、そして社会的にも、すべてが満たされた状態にあることを言う」
と定義されています。

日本においてのウェルビーイングは、先進国の中でも特に深刻かつ重要なテーマでしょう。その理由は、超少子化を迎えているからです。すべての人が健康である国を目指さなければ、国の活力は風前の灯火です。

コロナ禍によって、出産数の減少が想定より11年も早く進んでいると発表がありました。国立社会保障・人口問題研究所が２０１７年に発表した「日本の将来推計人口」では、出生数が80万人を割るのは２０３３年としていました。しかし、厚生労働省の発表によると、２０２２年の出生数は79万９７２８人で、前年より４万３１６９人減少。初めて80万人を下回り過去最少を更新。つまり、推計より11年早く少子化が進んでいることになります。

労働力は低下し、今生きているすべての人が、できるだけ長く、健康で働き続けられる社会づくりをすることは、国だけではなく、企業においても重要なテーマとなりました。それが「ウェルビーイング経営」へと広義に意識が変化しています。

私は、女性トレンド総研を運営する株式会社ハー・ストーリィという会社を経営しています。1990年の創業以来、一貫して女性生活者の消費行動を分析し、企業向けに女性視点マーケティングという実務をサポートしてきました。

女性側から見ていると、暮らしは劇的な変化をし続けています。働く女性は急激に増えましたが、日々が幸せかどうかというと、つらさが増しているのが現実です。

変化のスピードと現実の生活のギャップの狭間で苦しみは増えています。結果、結婚や出産、子育てに希望が持てない若者、女性が増えています。出産数の減少は、コロナ禍や世界情勢不安だけの問題ではなく、女性が男性と同じように働いても、〝家事や子育ては女性の仕事〟という根強い考え方や価値観も影響してきた結果だと思っています。

ここにきて、「いよいよ限界」となって国も様々な施策を打ち出してきてはいますが、女性や若者が、「子どもを持ちたい」という未来を描けない環境を放置してきたことは否めないでしょう。

そんな中で、なんとか少しでも「ウェルビーイング」という観点から、今後の日本、未来の人財につながる**女性の心身に関わる課題を「企業の商品・サービスで解決する」**というプロジェクトはできないか、と立ち上げたのが、「**WELL WOMAN プロジェクト**」です。

２０２１年、２０２２年の2回にわたり、約30社、総勢80名、全15チームによって異業種共同での「**女性の健康課題をビジネスで解決する学習会**」を開催しました。

約半年かけ、異業種で編成されたチームで女性の健康課題について専門家からの話を聞きながら、ビジネスアイデアを出し合い、新しいビジネスのタネを創出し、プレゼンテーションを行なうという学習会です。

このプロジェクトは、主催者である私にとっても本当に多くの学びがありました。

一人前の大人であり、ビジネスパーソンであるはずの私たちが、いかに何も知らないのか、学んできていないのかを痛感させられました。

日本では**医療や教育は世界トップクラスの水準に進んでいながらも、「幸福」という視点が抜けている**ことを発見することができました。素晴らしい講師陣、驚きのビジネスプランの発表に出会うことができ、この内容がこの場だけに留まってしまうのはあまりにももったいない、私たちだけが知っていてはいけない、という強い想いが溢れ、本書の発刊へとつながりました。

本書は、このプロジェクトの中でお招きした専門家の皆様の講義内容を収録しています。また、チーム発表のビジネスプランの内容も掲載しています。

都合上、残念ながらすべての講演録を掲載することはできませんでしたが、趣旨に賛同し、公開をご理解くださった講師の皆様には、心から感謝申し上げます。

また「WELL WOMAN プロジェクト」では、全プログラムを通じて大阪公立大学大学院都市経営研究科の永田潤子教授に伴走コーディネーターをお願いしました。本書でも同様に、各PARTにおいての導入部分「セッションを通しての視点・活用のポイント」を書き下ろしていただきました。頭が整理できますので、必読をおすすめします。

「ウェルビーイング経営」においても「女性のウェルビーイング」は、見落とされてきた側面です。例えば、働き手の主役は男性であったことから、人間ドックは男性中心の検診メニューでした。すべての人が健康で幸せに暮らせる社会を目指さなければならない今、「女性のウェルビーイング」を正しく学び、何が不足し、何をどう解決すればいいのかを見つけていく必要があります。人口の半分以上が女性、そして世界一長寿の日本女性。そこには、様々な商品・サービスが必要不可欠で、大いなるビジネスチャンスが眠っているとも言えます。

本書1冊の中に、「女性のウェルビーイング」を柱に、急速に話題となった「フェムテック」「ジェンダード・イノベーション」という女性を取り巻く社会トレンドキーワードのすべてを濃縮し、各専門家、業界の方々の講義、そしてビジネスプラン内容を掲載しています。

どうぞ読者の皆様の事業のヒントに、新たな市場創造に、社内勉強会に、ご活用ください。

2回にわたって継続した「WELL WOMAN プロジェクト」は2023年、さらに進化をしています。多方面から関心をいただき、現在は、企業単位の共創プロジェクトという形で実践しています。ご関心のある方は弊社ホームページよりぜひご連絡ください。

「女性のウェルビーイングから、すべての人々の幸せの実現」に向けてともに歩みましょう。

本書の活用ガイド

本書は、「女性のウェルビーイングをビジネスで解決する」を目的に開催された「WELL WOMANプロジェクト」（第1期2021年、第2期2022年、各半年間）の内容をもとに掲載しています。

プロジェクトでは、毎月講師をお招きし、専門分野のお話を聞いたあとに、異業種チームでビジネスプランをつくっていき、最終的にひとつのビジネスプランにまとめ上げてプレゼンテーションを行なうことがゴールです。目次の順番、掲載している内容は、本書用に組み立て直しています。そのため当時の開催プログラムと内容が異なりますことをご了承ください。

- PART1〜4は、本書用に設けたテーマに沿って講師の講義内容を中心に掲載しています。
- PART2〜4の冒頭では、プロジェクトのファシリテーターである永田潤子先生の「セッションを通しての視点・活用のポイント」を掲載し、「読むべきポイント」をお伝えします。

●ＰＡＲＴ５ではプロジェクトで発表されたビジネスプランを掲載します。

このような構成になっています。

ビジネスプランも含め、皆様のビジネスのヒントとしてお役立ていただき、女性のウェルビーイングからすべての人の幸せにつながる商品・サービスが、増えていくことを願って、出版させていただきました。趣旨に賛同いただきました企業様は、ぜひとも私たちに「本書を見て、新しい商品をつくったよ」とご連絡、ご報告をいただけますと大変うれしく思います。

私たちは、「あしたの幸せにつながる商品・サービス」を表彰するアワード「女性のあした大賞」を毎年、発表しています（https://www.jyoseinoashita-taisho.com/）。

本書をきっかけに生まれた商品・サービスは、ぜひともエントリーをご推奨します。株式会社ハー・ストーリィの公式サイト（https://www.herstory.co.jp）の「お問い合わせ」から「女性のあした大賞エントリー希望」とお知らせください。

目次◉新しいビジネスをつくり出す「女性たちのウェルビーイング」マーケティング

PART 1

「健康経営」×「商品企画」の視点から新しいフェムマーケットを創る

PART 2 女性の身体・健康・ウェルビーイングの基礎知識

PART 3 ヘルスリテラシーの向上が働く女性と企業経営に好循環を生み出す

PART 4 ウェルビーイングの観点から解決する商品・サービス開発

PART 5

業種の垣根を越えた自由な発想で解決を目指すビジネスプラン

本書の印税収益は、一般社団法人女性の実学協会と一般財団法人日本女性財団へ寄付し、働く女性の学習支援やウェルビーイング教育に活用します

カバーデザイン　ホリウチミホ（ニクスインク）　執筆協力　星　久美子
本文デザイン・DTP　マーリンクレイン　執筆協力　「HERSTORY REVIEW」編集部

PART 1

「健康経営」×「商品企画」の視点から新しいフェムマーケットを創る

ウェルビーイング領域を知る
――女性の社会課題からの理解――

PROFILE

日野佳恵子　株式会社ハー・ストーリィ　代表取締役／女性トレンド総研

1990年、女性消費者の行動調査をもとに企業にマーケティングソリューションを提供する株式会社ハー・ストーリィを創業。一貫して、女性消費行動研究から導くインサイトにこだわり続けている。女性トレンド総研を通じて、女性消費者、学識者の意見をもとに5〜10年先の消費者の動きを予測し発表する。月刊「HERSTORY REVIEW」発行人。

本書を手に取った方は、少なくとも「ウェルビーイング」という言葉に関心があったり、仕事やプライベートで関係する分野に携わっている方ではないでしょうか。
皆様とともに、ウェルビーイングとは何か、そしてビジネスの観点からどう捉え、どう実践していけばいいのかについて、本書を通して考えていきたいと思います。

近年、様々なところで耳にするようになった「ウェルビーイング」。訳すと、「幸福」「健康」「福祉」という意味です。私たちはこの言葉を知っていても知らなくても、誰もが「幸福」「健康」そして「福祉」を手にしたいと思います。この言葉が広がっている理由は、ここ数年、環境破壊、ウイルスや紛争など、あらゆる状況において人類が脅かされていると感じることが多くなってきたからではないでしょうか。

ウェルビーイングの定義で引用されるのが、世界保健機関（ＷＨＯ）憲章の一節です。

Health is a state of complete physical, mental and social well-being and not merely the absence of disease or infirmity.

健康とは、病気ではないとか、弱っていないということではなく、肉体的にも、精神的にも、そして社会的にも、すべてが満たされた状態にあることを言う（公益社団法人日本ＷＨＯ協会訳）

そして、厚生労働省は、この言葉を「**個人の権利や自己実現が保障され、身体的、精神的、社会的に良好な状態にあることを意味する概念**」だとしています。

本書は「はじめに」で前述した通り、「ＷＥＬＬ ＷＯＭＡＮプロジェクト」の内容をベースにしています。

プロジェクトでは、ゲスト講師に「女性とウェルビーイング」という観点に合わせて様々な専門家をお招きし、勉強会の最終日には、「ビジネスで実現させる」をゴールにビジネスプランを発表しました。

◆女性の社会課題の解決からビジネスをつくる

なぜこのようなプロジェクトを主催したのか。それは私自身の実業と大きく関係があります。私は「女性視点マーケティング」の事業をしています。

「女性視点マーケティング」とは、女性向けのマーケティング（女性マーケティング）ではなく、女性消費者側の視点に立って見えてくる課題を捉えてビジネスで解決をしていくというマーケティングモデルです。

このマーケティング手法を使うと、必ずと言っていいほど女性を取り巻く社会課題が見つかります。例えば、「体調不良を自覚しながらも我慢をして病院に行っていない女性は全体の80％いる」「常に身体の冷えを感じている女性は90％で、それは10代の頃からだ」「過去にＤＶや性的被害を受けたことがあると答えた女性は30％いる」「買い物をする時に『最も大事なのは、価格や品質よりも楽しい気分になれることだ』と答える女性が多い」……などなどです。

ここには書ききれないほどの情報を手に入れることができます。こうしたエビデンス（科学的な根拠）を持って専門家に意見を聞きに行くこともしばしばあります。そこでさらに衝撃を受けます。それは、専門家から聞く話の多くを一般人はあまりにも知らないし、知る術を持っていないことです。

こんなにもネットやテクノロジーが進化をしていても、自分の興味・関心がない情報は入ってこないようにアルゴリズムがつくられているため、得る情報がどんどん偏っていくのです。

本来、**よりよく生きていくために知っておくべき大切な基本情報を知らないままに暮らしている人が大半**だと実感する日々です。

そこで、女性視点マーケティングを研究・実践している会社としてできることを考え、日頃からご縁をいただいている企業の皆様に、女性の抱える課題について専門家の話を聞く機会をつくりました。それが「ＷＥＬＬ ＷＯＭＡＮプロジェクト」のはじまりです。

少しでも社会に意義ある商品やサービス、または組織が生まれることに貢献したいという気持ちを持って進めました。**女性の社会課題が解決される商品やサービスを増やすことができれば、自然に多くの人たちが救われる循環ができるのではないか**と考えたからです。

国連が発表している世界幸福度ランキング（World Happiness Report）では、日本は先進国中最

下位の54位（2022年146カ国中）です。

日本の評価結果が高い項目は、「ひとり当たりの国内総生産（GDP）」と「健康寿命」です。「ひとり当たりの国内総生産（GDP）」は上位国とあまり変わらない数値で、「健康寿命」は上位国よりも高い数値です。

一方、評価結果が低い項目には、「社会的支援」などがあります。さらに顕著に低い項目が「社会的自由」「寛容さ（他者への寛大さ）」「人生評価／主観満足度」です。

特に「**人生評価／主観満足度」が非常に低い結果**なのは日本特有の結果と言えるでしょう。つまり、世界的に見ても恵まれた環境でありながら、国民は「幸せと感じられない」「自己肯定感が低い」という状態にあるのです。

また、女性たちの自己肯定感に関するショッキングなデータがありました。それは「**子どもがいる女性のほうが子どものいない女性よりも幸福感が低い**」（**日本版総合的社会調査**（**JGSS**）**2000年～2018年調査**）というものです。プロジェクトの勉強会でもこのデータを聞いた多くの受講メンバーがショックを受けていました。超人口減少の中で、子育てと幸福感の連動は国の持続可能性に向けて重要なバロメーターでしょう。

プロジェクトの名前につけた「WELL WOMAN」という言葉には、そんな女性たちに起きている現実を表面化させる意図があります。ウェルビーイングはすべての人の幸せを考えることです。しかし、だからこそ日本においては、次世代へのカギを握る女性たちの幸福感を考えることは緊急の優先課題だと考えます。

それでは次項から早速、「WELL WOMANプロジェクト」の講義を掲載していきます。なお、講師の講義を中心として掲載するため、ほかの講師と類似、同内容の部分もありますが、前後の話の流れからそのまま掲載していることをご理解ください。

フェムマーケットの現状と可能性

PROFILE
日野佳恵子　株式会社ハー・ストーリィ　代表取締役／女性トレンド総研

2021年8月25日 講演

本プロジェクト講義のトップバッターとして、フェムマーケットの現状と可能性について、まずはマーケット全体を捉えた話をしていきます。

マーケティングは最終的に、「人々の幸せ」に行き着くような流れがなければ、共感は得られません。まして、今はまだ日本の社会はコロナ禍から抜けきれていません。本来は人々のメンタル、身体、社会的という3方向からアプローチする必要がありますが、まずは身体的なアプローチに偏っている現状についてもお話したいと思います。

2021年2月に発行した拙著『女性たちが見ている10年後の消費社会　市場の8割を左右する

「女性視点マーケティング』』（同文舘出版）では、1章から7章で「女性の目に見える社会と、男性と女性の見えている世界の違い」について記述し、8章で「**フェムマーケットと女性特有の『ブルー消費』は空白ゾーンである**」と書きました。実際に、健康保険組合などの労働者向けの健康に関する資料を見ても、生理や妊活、更年期など、女性特有の悩みに触れていないものがほとんどでした。そのような意味でも、今はこれまで見落とされていた健康に関する情報が広がっていると提起しています。

「ブルー消費」の〝ブルー〟にはいくつかの意味が合わさっています。ひとつは空いているマーケットを意味するビジネス用語の「**ブルーオーシャン**」、そしてもうひとつは、**不安や不調、落ち込む様子を表わす「ブルー」**です。

「ブルー消費」に着目したポイントについてお話ししたいと思います。1つ目の着眼点はこのプロジェクト全体にも関わる「**当事者体験を大切にする**」ことです。私自身、人生において身体のことには大変悩まされてきました。20歳頃に卵巣を摘出し、子どもができない身体と言われました。

私は起業家ですが、起業家＝意思決定者にとっての資源は健康な肉体です。その肉体と付き合いながら意思決定者であり続けるには、相当の努力と苦労がともないます。起業して30年以上経ちましたが、家族や友人をがんで亡くしたり、社員が病気で手術を受けたりするなど、身近でたくさんのことがありました。

こうした経験の中で、「**人生においては様々な出来事が起こるが、男性と女性の身体的違いによって起こり得ることは異なるのでは？**」と感じてきました。仕事上、多くの女性からアンケートやデータを取りながら、男性と女性では人生における〝階段〟や〝踊り場〟が異なるのではという当事者経験をずっと持ってきました。

読者のあなたが男性の方ならば、お母様や親族、また、妻を想像してください。**マーケティングの原点は、当事者のたったひとつの体験や、周囲の人々に起こる変化や苦労、苦しみである場合が多い**からです。

2つ目の着眼点として、「**社会背景的に見落とされがちなマーケットだった**」ということが、「ブルー消費」やフェムマーケットの大切な視点です。その理由としては、**社会のあらゆる意思決定場面に女性が少なかった**ことが考えられます。

日本は歴史的に製造業やメーカーなど、ものづくりに強い国だったため、政治・経済において決裁権を持つトップ層に女性が少ない時代が長くありました。今、世界の一部の国では女性蔑視・軽視に対する危機感が募っていますが、日本ではこのような社会的背景がフェムマーケットの成長を遅らせています。

臨床試験においては、女性の生理や妊娠が不安定要素とされ、治験の現場で長く女性が除外されていた経緯もありました。これにより、医学・薬学の分野における女性のサンプルやデータが非常に少なく、人の身体の健康は男性が基準とされてきたのです。

日本は、政治・経済におけるジェンダーギャップ指数ランキングが低い国です（世界経済フォーラムが男女格差を数値化して発表。2023年、日本は世界146カ国のうち125位）。女性活躍の文脈では発言の場所に女性が少ないために問題が国外に表面化しなかったり、女性自身も身体的な問題や権利を口に出すこと事態を「恥ずかしいことだ」と思う風潮があったりしました。現在は過渡期ですが、経済においても「経営者や管理職に女性が少ない」現実があります。

3つ目は「**女性特有のライフコース（個人の一生）で見る健康**」です。ライフコースで見るというのはどういうことでしょう。

女性は10歳前後で生理がはじまり、その後40年くらい付き合っていきます。それから結婚し、妊娠するための準備をする人、そうではない人、またはそれができない人、できるために努力をする人など、いろいろな人たちがいます。

その後、更年期によるホルモンバランスの乱れや貧血など様々な不調と向き合うため、ウェルネスケアやメンタルヘルスケアなどを取り入れながら自己流に解決していく女性が大勢います。そのため、女性はサプリメントやアロマテラピー、ネイルなど、様々なもので自分のメンタルを落ち着かせる能力を身につけているのかもしれません。そうして、人生において様々な出来事や困難にぶつかっては悩んだり、乗り越えたり、受け流したりしながらライフコースを歩んでいくのです。

男性にも更年期はありますが、女性ほど大きなインパクトがあるものではないとも言われています。また、男性特有の病気もありますが、本書では**「人生において男性と女性では異なる体験をしていく」**ことを前提にお話していきます。

◆国が後押しをはじめたフェムテック市場

ご存じのように、フェムテックは女性の身体をテクノロジーで解決する考えで、デンマークの女性起業家が月経周期計測アプリの投資を募る際にこの言葉を用いたと言われています。

近年、テクノロジーは進化しています。「テック（tech）」の領域では、「ベビーテック（Baby tech）」や「メールテック（Male tech：男性の健康課題を改善する技術）」、「ビューティーテック（Beauty tech）」など、様々な分野に細分化されています。

女性が妊娠した際には「ベビーテック」、夫婦で妊活をする時には「メールテック」、女性の生理に伴う肌荒れや身体の不調は「ビューティーテック」とも関連することから、フェムテックを中心にこれらすべては関連性があると考えています。これらが私の考えるフェムマーケットへとつながっていきます。

フェムテックに関しては近年大きな変化がありました。**令和3年4月、経済産業省は「フェムテック等サポートサービス実証事業費補助金」に係る補助事業者を初めて公募しました。**これはフェムテック関連の実証実験に補助金を提供する取り組みで、81事業の応募があり、20事業が採択されました。

この補助金は「サービス実証事業費」という言葉にもあるように、実証実験が対象です。つまり、まだまだスタート地点のものに経産省が支援をはじめたことからも、国全体がフェムテックに対して強くアクセルを踏んでいることがわかります。

これまでも国は企業価値向上のために、ダイバーシティなどを推進してきました。実証事業を推進する背景には女性特有の身体的特性があります。女性は妊娠、出産、特有の体調変化など、ライフステージに応じて直面する課題のインパクトが大きいです。例えば、「不妊治療のため離職したり雇用形態を変えたりした、または不妊治療をやめた人」の割合が35％あるとも発表しています（厚生労働省平成29年度「不妊治療と仕事の両立に係る諸問題の総合的調査」）。これらの課題に国として取り組みはじめたというわけです。

今やたくさんのフェムテックの製品やサービスが生まれていますが、この「WELL WOMAN

プロジェクト」をきっかけにどんどん新しい商品がリリースされることを願っています。独自のアイデアを生み出す以外にも、実証実験を参加企業間で一緒に進めていき、コラボレーションも生まれるのではないかと思っています。

国もフェムテックを推進しているように、フェムマーケットへの投資額はここ10年で17倍に成長しました。展示会やイベント、商材やサービスが次々と発表されています。**フェムテック市場のカテゴリーとしては、「セクシャルウェルネス」「不妊・妊よう」「妊娠・産後ケア」「月経、更年期・閉経」「健康全般」、あわせて男性の「メールテック」など**、たくさんのプロダクトが生まれてきました。

◆芸能人・有名人・企業の発信が空気を変えている

インターネットやSNS上でも、フェムテックに関するテーマを女性有名タレントが発信をはじめています。タレントのRIKACOさんはYouTube「RIKACO LIFE」で更年期について積極的に発信をしていますし、同じくタレントのSHELLYさんもYouTubeで「SHELLYのお風呂場」というチャンネルを持ち、若い女性や子どもたちに向けた性教育を発信しています。また、ユニ・チャームは企業向けに生理に関するセミナーを開催しています。最近は、高校生の男子に向けて女性の生理についての講座を実施したというニュースを聞きました。

このように、有名人や大手企業の発信によって、これまで女性が声をあげられなかった身体の悩みや話題は、少しずつ認知され、発言しやすくなり、様々な場面で取り上げられやすくなった空気が生まれています。

◆女性の一生とフェムマーケット

私は、女性が抱える健康課題分野をビジネスで捉える際に、「**フェムマーケット**」と呼んでいます。女性はライフコース（個人の一生）において様々な出来事＝「ライフイベント」に直面し、そのライフイベントの過程を「ライフステージ」と言います。

このライフコースを歩みながらも、その横にはパートナーや家族、子どもたちがいます。女性の健康課題は、本人だけではなく、短期的なサイクルで、周囲に大きな影響を与える可能性があります。フェムテックといったテクノロジーでの解決を考える前に、まずは誰もが女性は生涯を通じてどんな変化が起こり、どんな憂うつや悩み、つまりブルーな気分を抱えていくのか、なぜ起こるのか、といったことをきちんと学習する必要があると考えています。すべての女性たちを対象としてライフコースから女性たちの健康を捉えていくことを「フェムマーケット」としています。

20代から60代の女性を対象に、「この1年間で不調を自覚したことがありますか？」という調査を実施したところ、約8割の人が「不調を自覚していて常態化している」と回答しました

（「HERSTORY REVIEW」調べ）。

そのような状態で、「病院に行きましたか？」という質問に「いいえ」と答えた人は63・8％にのぼります。このように、「病気ではないから病院には行きにくい」と思うような不調を抱える女性が多くいます。人口の約半分が女性なわけですから、すべての女性に健康課題があると考えると、それは「フェムマーケット」と呼ぶほうがしっくりとくると感じています。そこで、課題解決をビジネスとして捉えると大変大きな可能性があると考えます。

近年、「ＳＤＧｓ」の目標達成が叫ばれています。ＳＤＧｓの目標5は「ジェンダー平等」です。日本においては前述したように女性管理職が少なく、意見を発する人が少ないなどの理由から取り組みが遅れてしまうケースが多数あります。

我々女性が何かの事象に対して疑問を持つことは大切です。最近ではＳＤＧｓ達成のために環境に配慮した製品を購入したり、エコバッグを持ったりする機会も増えました。しかし、日本では生理用ナプキンはまだまだ使い捨てが主流です。海外では使い捨てが問題視され、様々な生理用カップが販売されているものの日本ではなかなか広がりません。このように日本の中にはこれまでの常識や固定観念がまだまだあります。このことを意識して、視野を広く、常に疑問を持ちながらビジネス企画を進めてほしいと思っています。

◆フェムマーケットを推進する必要性

なぜ今、フェムマーケットを推進する必要があるのでしょうか。それは、**日本の最大の課題「人口減少」と関係**しています。少子高齢化の時代、女性労働者は重要な人材です。彼女たちの約7～8割の人が、不調を実感しながら仕事や子育てしている状況を改善しなければ、日本の未来はありません。子どもたちのためにも未来に向けて、女性たちの身体と健康に全員で向き合いながら、家族全員が幸せになる社会をつくっていく必要があります。

「不定愁訴（ふていしゅうそ）」という言葉があります。不定愁訴とは**「病気かどうかよくわからない不調」**を意味します。フェムマーケットにおいては、女性の不定愁訴から起こる不安の回避や精神的なサポートの部分なども考慮しながら、社会的な課題解決に取り組んでいくことが重要ではないかと考えています。

皆さんには、女性たちを中心に据えた新しいマーケットを創出してほしいと願っています。先ほど申し上げたように、世の中には生理や女性特有の病気にピンポイントでフォーカスしたフェムテックが多く見られます。ですが、女性の身体はライフコースやライフステージで見ていく必要があります。取り巻く様々な環境をクロスさせることで、フェムマーケットの可能性はより広がっていきます。

ゴールは「フェムテックをブームにしない」こと。

すべての人がウェルビーイングへと向かうために、フェムマーケットを軸に、常識を疑い、健康をともに考えていけるような状態をつくり出せたらと思っています。

PART 2

女性の身体・健康・ウェルビーイングの基礎知識

PART 2

セッションを通しての視点・活用のポイント

PROFILE

永田潤子　大阪公立大学大学院都市経営研究科　教授

海上保安大学校に初の女子学生としてただひとり入学、26歳で巡視艇船長を務めた。その後、教育研究の道へ。自身の経験を活かし、企業の人材育成、女性リーダー育成、ソーシャルマーケティングなど、個人・社会のウェルビーイングを公共政策と経営学を軸に横断的に研究・実践。

ウェルビーイングとは、「単に病気ではない状態ではなく、身体的、精神的、社会的に健康であり、満たされていること」と定義できました。では、それをビジネスに変えるには、何が必要になってくるのでしょうか。

◆ウェルビーイングのビジネスには、知識が大事

ビジネスを考えるために、まずは、**女性の健康に関する現状を理解し、それを解決するための知識が必要になります。**例えば、「身体の健康のためには、『食生活・運動・睡眠』の3つが大事」というように、その基となる健康や女性のウェルビーイングに関する知識がなければ商品・サービスの企画・設計をすることは難しいですよね。

特に、ヘルスケアの分野では、**エビデンス（科学的な根拠）が求められます。**経営や政治教育の分野で、エビデンスはデータや根拠に基づいた意思決定を指し、分野ごとに文脈と程度は違いますが、ウェルビーイングの商品やサービスの有効性はエビデンスを土台にする必要があります。読み進めながら、そのための基礎知識を整理してください。

◆エビデンスのピラミッド

「**エビデンスのピラミッド**」と呼ばれるものがあります。これは、①専門家の意見や理論・動物実験、②事例研究・報告、③調査データの分析、④ランダム化比較実験、⑤ランダム化比較実験の系統的レビュー・メタアナリシス、となっており、①から順に⑤が最も高くなります。企画・設計する際には、エビデンスに強弱があることを理解すること、また、そのものズバリの資料がない場合でも、ほかの参考になるようなデータや研究を参考にすることができるということです。エビデン

スという視点を押さえながら資料を読むのもよいですね。

◆取り組みたい課題・問いを考えながら読む

ビジネスは、**課題と商材（商品・サービス）のマッチング**です。

では、ウェルビーイングの商材の「〝よい課題〟（問い）を設定する」とはどのようなことでしょうか。例えば、「目の前の女性は何に困っているのだろう」「痛みを感じているのは身体・精神・社会的のどれなのだろう」「今は小さいけれど、将来は大きくなる可能性のある課題とは何だろう」といった問いを持ちながら、この先を読み進めてください。

◆健康をつくる要因

健康格差（個人によって健康状態に違いが生まれるのはなぜか）の研究の中に、**「健康に格差を及ぼす社会的要因（Social Determinants Health=SDH）」**があります。

健康とは大きく、ミクロ（個人・家族）レベルでの要因、メゾ（集団・地域）レベルでの要因、マクロ（社会）レベルでの要因の3つに分けられ、個人だけでなく、地域や社会経済状態の違いに影響されて形づくられます。それぞれのレベルでの要因を考慮することが必要だということも、理解できるでしょう。女性たちの現状、課題はどのレベルなのかを整理することも、ビジネスを考える上で有効です。

健康に影響を及ぼす多重レベルの要因

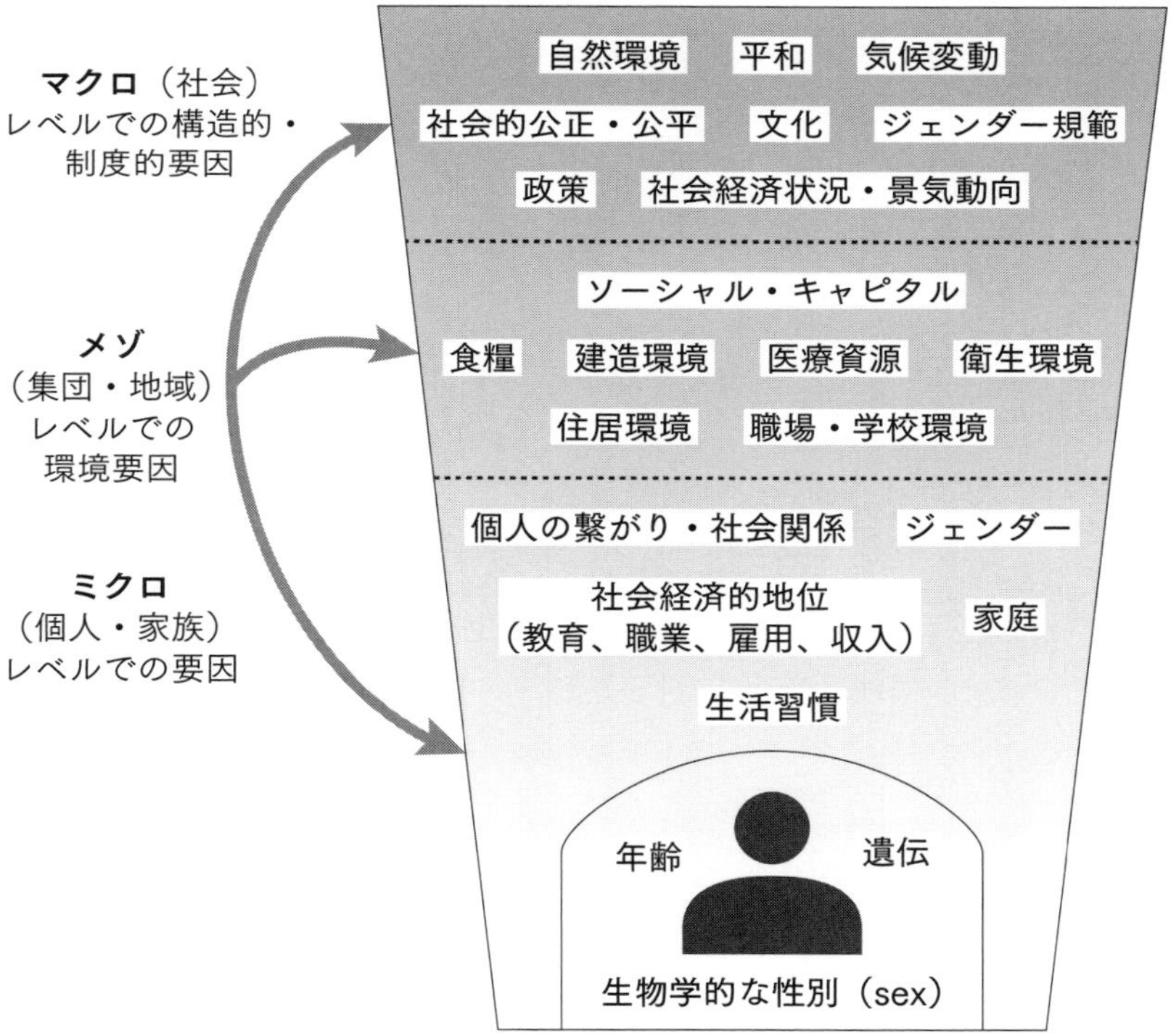

出所：「日本プライマリ・ケア連合学会の健康格差に対する見解と行動指針　第二版」
（一般社団法人日本プライマリ・ケア連合学会　2022年4月14日）

女性の生涯を通じた総合的な健康に関する、今知っておくべき知識

PROFILE

対馬ルリ子　産婦人科医師／医学博士／女性ライフクリニック　院長
東京大学医学部産婦人科学教室入局。女性のための生涯医療センターＶｉＶｉ初代所長。２００２年、女性ライフクリニック銀座を開院。「女性医療ネットワーク」を設立。全国４５０名の女性医師・女性医療者と連携して活動。一般財団法人日本女性財団代表理事。

2022年6月1日　講演

今日は女性のウェルビーイングについて、特に女性の健康の基本知識をお話ししたいと思います。**ＷＨＯ（世界保健機構）ができたのが１９４６年で、第二次世界大戦が終わった直後**です。その時にすでに、〝健康〟とは単に病気がないことだけを指すのではなく、フィジカルにもメンタルにも、そして社会的にも、つまり人間関係や社会における自分の存在価値も含めて、ウェルビーイングな状態であることを指すと述べています。今は人生が長くなっているので、１００年をどういうふうに生きていくのかという観点もありますし、スピリチュアル的（人生の意味、希望、安らぎな

ど）な見方もできると言われており、非常に幅広い意味を持つ言葉になっています。

また、**健康な姿というのは、単一的・均質なものではなく、一人ひとりの長い人生の中において徐々に実現されていく〝その人らしい姿〟でもある**と思います。

私が関わっている医療の分野で言うと、どんな病気でも徐々に違和感が発生して、それがある時に症状になり、そして我慢ができない状態になると、病院に行くという流れがあります。そこで医師の診察があり、病気を診断され、薬が処方され、時には手術、そして放置すれば病気は進んでしまって治療ができなくなります。そうやってその人は終末期に向かっていくわけです。

しかし、病気が発生する前に知識を持っていたり、あるいは早めに医師に相談したり、定期検診をする習慣によって予防や早期発見ができます。それが今後の健康を守り、一生涯の人生の質を高めていくと考えられているのです。

病気にならない人はいません。ほとんどの人が人生の最後には病気がちになり、そして命を閉じるということになります。その時期が早い遅い、あるいは病気にはあまりならないなど、様々な人がいますが、しかし、どういう人であっても、その**様々な健康習慣によって自分の健康を守り、なるべくいい状態を保つ**ことができます。これを「**ヘルスリテラシー**」と言います。

ですから、病気になってから治療するよりも、普段から心身に対するケアをきちんとすることで人生の質が保たれていくのです。健康に関する知識や情報に自分のライフプランをどう組み合わせていくかというケアサイクルが大事になってきます。

◆ヘルスリテラシーの大切さ

病気の治療はコストだと考える人もいますが、ならば**予防や検診、相談などは健康への投資**と言えます。私はよく「**人に投資するよりも、自分の身体、自分の未来に投資しましょう**」と言っています。その目的は医療費削減などではなく、自分自身の心身の健康、人生のウェルビーイングなのです。

ヘルスリテラシーの知識を得て習慣化する人は、生涯を通じて生活の質を保ち、向上させていくことができます。一方、ヘルスリテラシーが低い人は、病気にかかりやすくなり、お金もかかります。例えば、検診を後まわしにしたり、病気や薬の知識も持たない、自分の身体に無頓着で病気の兆候に気付きにくい、結局症状が重くなってから病院に行く、といったことです。アメリカではヘルスリテラシーの欠如が、年間11兆円から25兆円ほどの経済的なデメリットになっていると言われています。

これは、女性特有の症状や病気においても差が出てきます。女性特有の症状や病気はつらいものですが、それに対して適切に対処し仕事のパフォーマンスを落とさない人はヘルスリテラシーが高い人と言えます。健康の度合いというのは、単なる遺伝的なものだったり、偶然的なものではなく、日々の積み重ねがモノを言うのです。

小さい頃から逆境的な体験をしている人は、それが積もり積もって大病しやすいということもわかっています。例えば虐待を受けている子どもは、安心や安全、栄養、睡眠などのウェルビーイングが下がってしまうので、それが神経発達の混乱をきたし、発達がうまくいかなくなり、情緒的な問題、あるいは社会的な適応の問題、認知の問題などに結びつき、ひいては健康を害しやすくなり、短命になるということがデータでも出ています。

もちろん幼い時は親がケアすることになりますが、10代になり、20代、30代になっていく中で、自らが健康を維持し向上させる行動ができる力を身につけることがヘルシーリテラシーになります。

◆女性の健康に関する現状

ＷＨＯができた後、世界人権宣言や世界女性会議などがあり、女性の人権と健康が結びついたのが１９９０年代でした。１９９４年の国際人口開発会議で、女性の健康に関する権利に関して、「女性が自分自身の人生を自分で決められる。そのことが一番大事である」と宣言されました（カイロ宣言）。妊娠出産をいつするのか、どういうふうにするのか？　誰と一緒に子どもを育てるのか？　何人子どもを持つのか？　これらは、本人がその知識を得た上で自分自身のライフプランとしてつくっていく。それをサポートするのが専門家の役割であるというふうに変わってきたわけです。

「ジェンダー」というのは、男性と女性の性差のことを言いますが、主に社会的・文化的な性差について使われる言葉です。このジェンダーが女性の健康問題と非常に大きく関わっています。

例えば、男はこうすべき、女はこうすべきというような文化的な規範や社会的役割による押しつけによって健康問題が見えにくくなっていたり、ケアがしにくくなっていたりします。また、女性には社会的弱者として被っている社会的負担があると言われています。貧困に追いやられているとか、社会的地位が低いとか、あるいは暴力を受けやすいなどの逆境に置かれている女性の健康が脅かされているというわけです。

前述した1994年の国際人口開発会議で、「SRHR（セクシャル・リプロダクティブ・ヘルス・アンド・ライツ）」がカイロ宣言として発表されました。安全で満足できる性生活、子どもを産むかどうか、いつ何人産むかなどを決定する自由を一人ひとりが持ち、生殖に関する適切な情報やサービスを受ける権利を誰でも持っているという内容です。

その目的は「リプロダクション」、つまり生殖ということですが、妊娠に関することだけではなく、性感染症に関するカウンセリングやケアも受けられ、個人と他人の生活の相互関係を向上させることを目的とすると言われています。

カイロ宣言（SRHR）が非常に大きな節目となり、それが今のSDGsにつながっていきました。SDGsには、環境や経済などの問題がありますが、特に女性に関する問題は次世代の健康に影響を与えます。

「**ライフコースアプローチ**」という言葉があります。胎児期から青年期、そして老年期に向かってずっと身体はつながっていきます。環境もつながっていきます。社会的、経済的状態や栄養状態なども次世代に影響していきます。このような視点を持って女性の健康を見る、あるいは次世代の健康をつくるという考え方です。単に身体のことだけではなく、性差の研究によって女性の行動、女性の心理、それから女性の活躍などに関しても研究がされるようになりました。

昔の女性医療の考え方は「ビキニ医療」でした。つまり、乳房と子宮など、水着のビキニで隠れるところだけが女性医療の領域で、それ以外は男女一緒という考え方でした。

しかし今、女性医療（あるいは性差医療＝ジェンダースペシフィックメディスン）は、トータルな人間を取り扱う医療になっています。

私は銀座に総合的な女性医療のクリニックを持っていますが、その相談窓口を新宿の伊勢丹の地下2階にも置いています。こちらは土日祝日もやっていて、女性スタッフだけで、予約不要で開いています。この2年間、新型コロナによって女性の健康問題が大きく動きました。2020年、国連女性機関は、「コロナによって密室に閉じ込められた女性たちが危機的な状況にある」と呼びかけました。例えば20歳の女性が渋谷の街中で、付き合っている男性の友人から日中、集団レイプに遭ったという事件がありました。このような事件はコロナ禍の前にはなかったわけです。必ず人目があった場所で、人がいなくなったから起きた。人気がなくなった昼間の渋谷の街で起きた事件でした。

また、私のクリニックには更年期ではないかと体調不良を訴える女性も増えました。動悸やめまい、冷えや頭痛などの不定愁訴（自覚症状はあるが原因がわからない状態）で来た42歳の女性は、体調不良が悪化しているということでしたが、話を聞いてみると、子どもや夫が密室である家庭で感情を爆発させて暴れたりしていることがわかりました。それで彼女は恐怖を感じるようになり、毎日緊張しているうちに体調不良が起きてしまったのです。

こういうことを考えると、女性の健康というのはただ単に手術をしたり薬を飲んだりする健康問題以外に心の問題、生活の問題、様々な健康問題があるということがわかると思います。それに関して私は、コロナ禍では駆け込み寺みたいなものをやってみたり、オンライン相談室をやってみたりして、女性支援者たちと横でつながってプラットフォームをつくり、今は日本女性財団という活動につなげています。トラウマの専門家、子どもの発達発育を助ける専門家、女性の社会的な活動に関して助けている人たちなどとつながって医療と福祉の活動をしています。

◆女性ホルモンの一生

男性も女性もライフサイクルがあります。赤ちゃんとして生まれ、10歳ぐらいまではほとんど同じように発達・発育していきます。10歳前後から女性ホルモン・男性ホルモンが出てきて、女子の身体・男子の身体、それぞれ特徴的なものに変わっていきます。つまり、生殖機能がだんだん成熟していくわけです。10代から体つきが変わっていって、女性は20代30代が最も妊娠出産に適している時期ですが、体力的にも少々無理がきくので仕事もでき、様々な人との関わりの中で自己形成していく時期です。40代になるとホルモンの量が減少していき、閉経が50歳ぐらいで訪れ、その前後は更年期ということになります。その後、老年期に入っていきます。

今は人生一〇〇年という長い寿命になりました。しかし、更年期の時期は変わらない、身体の仕組みも変わらないので、老年期が非常に長くなっています。そして女性の健康問題としては、昔と違って妊娠出産以外の問題がとても増えています。昔は妊娠出産が無事に終わればなんとか女性の一生はゴールしたとも言えました。しかし今は、思春期には思春期の健康問題、例えば性暴力やダイエットでの心身障害、性の発達や社会的な健康問題も含まれてきます。20代30代の成熟期には、知らないうちに子宮内膜症や子宮筋腫などにかかり、不妊や乳がんなどの病気になりやすくなっています。更年期は女性ホルモンの分泌が急激に落ちていき、体調が揺らぎやすくなります。ホルモンがなくなってしまう老年期には、ホルモンが守っていた骨や関節、骨盤底や脳が老化していき、機能低下していく時期になります。このような、ライフステージによる妊娠出産以外の健康問題が様々出てきているというのが、現代の女性の特徴になります。

皆さんにこれだけは覚えておいてほしいのですが、女性の人生が長くなったことで、更年期が人生の真ん中の位置に来ました。更年期より前は女性ホルモンがあります。更年期より後は女性ホルモンがなくなります。それによって疾患頻度がまったく変わるのです。そして妊娠・出産・子育てをしたい時期というのは、仕事もたくさんしたい時期でもあります。また、更年期から老年期にかけては、本来であれば最もその人の地位とか収入とか、社会的な評価もついてくるべき時ですよね。ところが更年期障害や親の介護を抱える大変な状況になっているというのが女性の50歳前後の社会的問題として存在しています。

そもそも女性ホルモンも男性ホルモンも脳からつながっているホルモンの働きとしてはまったく同じです。脳の視床下部下垂体というところからホルモン指令が出て、それが卵巣や精巣に伝わりホルモンが出ます。このホルモンの目的というのは、何と言っても生殖、次世代の生命を生み出すというとても大きな役割になります。

女性の場合、卵巣の中に眠っていた卵が目覚め、月に1回、排卵を起こします。ということは月に1回妊娠する時期があるということです。それに向かって月経から排卵まではエストロゲンという女性ホルモンが出ますし、排卵後はプロゲステロンという女性ホルモンが出て女性の身体や心を変化させます。そしてまた次の排卵、また次の月経となり、毎月繰り返されていくのです。

昔の女性は10代から40代までの長期間にわたって子どもを産み続けていた人も多かったので、妊娠・授乳中の無月経期間が非常に長く、一生の間の月経回数は50回くらいだったと言われています。それに対して今の女性は、そもそも妊娠すること自体が減っているので、排卵と月経が毎月起こり、昔の女性に比べると約10倍の450回から500回という月経排卵回数になっています。女性は卵巣の中の卵が急激に減ってなくなる時期が40代から50代にかけて起こります。男性は精子を毎日つくり続けられるので60代70代でも子どもをつくる能力があります。つまり、更年期における男女差は非常に大きいということがわかります。

◆現代女性特有の疾患・疾病

今、若い女性たちに非常に「**痩せ**」が増えています。男性は各年代ともBMI値が上昇していますが、女性の場合は特に10代20代の若年層においてBMI値が落ちています。

日本女性は頑張り屋で忙しくてご飯が食べられないという人も多いですし、ダイエットをして体重を落としている人も多いです。それでたんぱく質やカルシウム、鉄分の不足が顕著になっています。たんぱく質不足が89%、カルシウム不足が91%、鉄分不足が92%もいるという結果が出ています（出典：「まるのうち保健室」三菱地所）。頑張って働き、残業が多い女性ほど栄養不足になっているのです。

このような栄養が不足した状態で妊娠しようと思っても、不妊の状態だったという場合が多くなってきます。加えて、不妊治療を一生懸命して妊娠したとしても、痩せている女性が産む赤ちゃんは小さく生まれてくることがほとんどです。つまり、低出生体重児です。また周産期（出産時）トラブルや早産などのお産のトラブルが多くなって、赤ちゃんの死亡率が高くなったり赤ちゃんに障害が残る率が高くなったりします。無理やり妊娠して早く生まれたり小さく生まれた赤ちゃんは、将来糖尿病になったり心筋梗塞になったりもしやすいということもわかっています。

このような女性の状況から、プレコンセプションケアと言って**妊娠前からケアをしていく**という考え方が着目されています。例えば月経痛が重い場合、それを放っておくと不妊につながる子宮内膜症などになりやすくなります。子宮内膜症とは、月経血として子宮からはがれ出てくる内膜組織が、卵管を通って逆流してお腹の中にばらまかれ、それが卵巣や卵管、お腹の底のほうにくっついて炎症を起こす病気です。チョコレートのう胞という卵巣嚢腫ができたり、お腹の底のほうで癒着を起こして卵管が通らなくなって不妊の原因になります。しかも40歳以上になると子宮内膜症の卵巣嚢腫（チョコレートのう胞）はがん化しやすいこともわかっています。

月経痛が重いと子宮内膜症になりやすく、子宮内膜症になると不妊になりやすく、最後には卵巣がんになりやすい。これが現代女性の悲しい〝あるあるコース〟ですが、これについて何も知らない、ノーチェックだったという人が多すぎるのが問題です。卵巣がんは症状がなく進行するので、気がついた時には大変な状況になっている場合も多いのです。

　また、月経を繰り返すということだけでも、ホルモンの波にさらされ体調が不安定になり、メンタル不調が現われるのが現代女性の特徴です。ＰＭＳ（月経前症候群）は、排卵のあとプロゲステロンが出てくる時期に繰り返し起こる精神的あるいは身体的な症状で、本当に重い場合は起き上がれないぐらいだるい、あるいはイライラして人とまともなコミュニケーションができない、夜も眠れないという人もいます。**日常生活に差し支えが出るほど症状が重い人は10人に1人**、つまり女性の10％もいると言われています。

　また、ＰＭＤＤというう病のような症状が生理前に出る人もいます。ストレスが溜まったり疲れたり人間関係に悩んでいたりすると、うつ状態になり、ぼうっとして何も手につかなくなったりします。仕事を辞める人や、自分の子どもがかわいく思えなくて育児放棄になってしまう人もいます。

　こういった症状や病気が女性にとても増えていますが、これは身体の問題だけではなく、働く環境や心のケアまで考えなくてはならない課題です。

　ワクチンの接種も10代から重要視されています。特に子宮頸がんの予防ワクチンは今、世界中で接種されています。ビル＆メリンダ・ゲイツ財団がお金を出して接種を進めているルワンダでは99％の女子が打っています。しかし、日本では10年ほど前にこのＨＰＶ（ヒトパピローマウイルス）

ワクチンの副作用が大変だという噂が広がり、接種が止まってしまいました。世界中で日本だけがヒトパピローマウイルスが蔓延している国になってしまったわけです。ヒトパピローマウイルスは、女性の子宮頸がんだけではなく、男性の中咽頭がんや肛門がんなどの原因にもなっているので、50カ国以上の国では男子も打っています。２０２３年からは、またＨＰＶワクチンが積極的に勧奨されることになりましたが、10年近く日本だけが接種できていなかったのは非常に特異で、がん予防について危険な状況になっていると言えます。

◆女性の更年期症状

「プレ更年期」という言葉を聞いたことがあるでしょうか。実は私がつくった言葉です。「更年期」という言葉は、医学用語でもあり、人生のライフステージのひとつを指す言葉です。50歳が平均の閉経年齢で、閉経の前後5年が更年期なので、**大体45歳ぐらいから55歳ぐらいを更年期**と言います。しかし、その前にプレ更年期のような症状が出る女性がたくさんいます。

これは卵巣機能の低下が30代後半から起こってくるからです。卵巣機能が低下すると妊娠しにくくなり、子どもを望むなら不妊治療が必要な年齢になりますが、ストレスや疲れからまるで更年期のような症状が出ます。のぼせ、発汗、めまい、動悸、頭痛、関節痛、むくみ、イライラ、落ち込み、疲れやすさ、ドライアイなどです。

このような女性特有の症状に対して、どのように社会でカバーし、働く企業でカバーできるかという点がこれからの課題だと思います。子どもを産み育て、親の介護から家庭・地域の仕事まで、女性が全部背負っているケースもあります。しかし、働く女性が多くなる中で、これらの仕事はみんなが担っていくべきだと私は思います。女性がすべてを背負うという古典的な女性のメンタルヘルスからの危機をそのままにしておくと、どんどん不調になり、妊娠や就労など、いろいろな可能性を諦める女性が増えていくことになります。

男性に比べるとどうしてもホルモンの変動に影響されやすいのが女性ですが、実は**女性ホルモンは命を守り、メタボリックシンドロームを少なくして心筋梗塞や脳梗塞のような大きな病気を少なくするといった守りの働き**をしているのです。

だからこそ自分自身が女性の身体や健康特性について学び、身体をきちんとチェックして、自分が将来やりたいことを意識しながら健康ケアをしていってほしいと思っています。

◆ピルの活用を考える

低用量ピルやホルモン補充療法のように、女性ホルモン薬を上手に使うことを考えてみましょう。女性ホルモンの揺らぎが体調を悪くするだけではなく、自信を失わせていると感じています。一方で、女性ホルモンを上手に使えば様々なメリットがあるのです。

例えば女性は月に1回、脳と卵巣でやり取りがあり排卵します。この時に妊娠しやすい環境を整えますが、排卵後の身体を守る働きは女性の体調を危うくします。守りモードですから、過敏になっているのです。

そこでピルを飲むと、排卵はお休みになるので、脳は排卵指令を出さなくてもいいと解釈をして、大きなホルモン変動を起こさないようにするのです。エストロゲンとプロゲステロンは身体の中でほぼ一定、定常状態になっていくので体調もメンタルも安定します。私も40代の頃、日本にピルが入って来た時から10年ぐらい飲んでいましたが、私にとって一番メリットだったことは体調の安定とメンタルの安定です。いつも元気で仕事ができることが最高のメリットでした。

日本の女性はピルの内服率がほんの数%です。フランスやカナダ、北欧の国は常に飲んでいる人たちが大体3割ぐらいいます。体調をコントロールをすることによって女性が自信を持って、仕事や様々な活動に参画することを後押ししています。

また、老化をゆっくりにさせる、いろいろな不快症状を和らげるというのがホルモン補充治療です。これはピルの3分の1ぐらいしかホルモン量は使いませんが、身体に不足してきた分のエストロゲンを補充することでホルモンレベルを安定させ、なるべくゆっくり落としていく、つまり閉経後に向けソフトランディングをさせていくのです。

◆我慢しない。自分の身体を楽にしよう

検診習慣は女性にまだまだ身についていません。特に若い女性の婦人科の検診受診者は2割くらいです。

乳がんは10人に1人という高い確率で発症します。乳がんは30代後半から急激に増えてくるので、大体40歳前後から乳がんの検診をしていくというのが世界的にエビデンスのある行動です。また今、日本で子宮頸がんが若い女性に爆発的に増えています。検診で見つけて早く治すことができるのですが、検診を受けている人が少ないという問題があります。

女性のライフサイクルに応じた検診＝メディカルチェックをして、どの年代にどんな病気のリスクが高くなっているのかを知り、相談をしやすい体制、検診を受けやすい体制の構築が必要とされています。

心や身体が揺らぎやすいのが女性の特徴ですが、それは自分が悪いわけではありません。人それぞれのホルモンの背景、あるいは遺伝や体質的なもの、環境要因が大きく影響しています。仕事を諦めなくてもよい、出産を諦めなくてもよいようにみんなで助け合っていくのが大事だと思います。

低用量ピルや子宮の中に入れる「ミレーナ®」（ホルモン放出システム）、ホルモン補充パッチなど、様々に進化したホルモン治療の形態があります。漢方やメンタル系の薬、アロマテラピーや鍼灸整体なども上手に使って、身体も心も楽にしていきましょう。

薬を使いたくないばかりに、次々と自分のできることややりたいことを諦めてしまい、世界を狭くしている人もいます。もっと自分自身の将来のために、今できることを専門家と相談しながらやっていきましょう。今は様々なフェムテック用品も出ています。

◆これからの日本に必要なキーワード

女性が快適に働き続けられるようになると（男女の就業率格差の解消）、GDPが10％以上上がると試算されています（Goldman Sachs「ウーマノミクス5・0」2019年）。かつ出生率も上向いていきます。欧米の先進国がやってきたことですが、女性がいつ、何人産んでも、そしてどのような家族の形態を選んでも、子どもが生まれることを歓迎し、母親父親をサポートしていく体制があると、産みやすく育てやすくなります。そうすると女性は仕事がどんどん楽しくなってきて、もっと仕事をやりたいという傾向になるそうです。

知識と共感と支援を必要とする女性たちはとてもたくさんいます。今までは我慢して諦めてきた女性の体調不良や病気やトラブルを丁寧にケアし、仕事を辞めなくてもいいように、将来の妊娠を諦めなくてもいいようにしていくのが理想です。そのためには医師だけではなく、様々なヘルスケアのアドバイザーが必要です。

日本ではこれまで、子育てや介護は全部家庭で女性が担っていました。男性は仕事に出ると朝早くから夜遅くまで外にいて、土日も出張を入れたりゴルフの付き合いをしたりして、なかなか家庭に帰って来ませんでした。それが今の少子化を加速させ、女性を働きにくくさせてきました。さらに、コロナ禍において若い女性たちの自殺、幼い子どもを育てている主婦層の自殺が増えています。子どもを育てやすい環境を女性だけではなく男性ももちろん、さらに地域の人たちや専門家もサポートできるようになればいいなと思っています。これが本当の地域の産業力だと思います。

今、日本の医療福祉、そして健康に関しては世界中から注目されています。オリンピック・パラリンピックを通じて日本の福祉と医療のあり方が見直されています。医療と健康の発展が日本を救い、世界に貢献すると私は思っています。そのために今後も女性を支援し、子どもを育てやすい社会をつくること、産業もそこに向くようにサポートしていきたいと思っています。

女性の生涯を通じた総合的な健康に関する知識
――「SRHR（セクシャル・リプロダクティブ・ヘルス・アンド・ライツ）」に基づく女性のウェルビーイング

2021年9月22日　講演

PROFILE

高宮城直子　Naoko女性クリニック　院長

佐賀医科大学医学部（現：佐賀大学医学部）を卒業後、佐賀医大および琉球大学病院での研修を経て、琉球大学病院や県内の公立、個人病院で産婦人科医として勤務。2010年Naoko女性クリニック開業。産婦人科専門医、女性ヘルスケア専門医、女性医療ネットワーク理事。日本女性財団共働発起人、フェムシップドクター。

沖縄県那覇市に隣接する浦添市で婦人科・漢方内科クリニックを開業している高宮城直子と申します。

私は赤色が好きなので、クリニックの待合室の壁を赤色にしました。婦人科というと「ハードルが高い」と思う方もいらっしゃるので、あえて診療所らしくない雰囲気にしています。開業時、祝花を持って来られた人が「ここは何のお店ですか？」と尋ねられたこともありました。

クリニックは2010年に開業し、その後2017年に女性の居場所づくりと統合医療を目指した「Naoko美と健康のサロン」もオープンしました。サロンでは、漢方足湯や低温サウナ、鍼灸治療も受けられるようにしたり、ショーケースでは友人のジュエリーデザイナーがつくったアクセサリーを展示・販売したりと、女性が楽しみながらリラックスできる場所を提供しています。

2023年、開業13年目となり、患者数は2万名を越えました。そのうち更年期症候群で受診される方が全体の20％の3676名、不妊症が11・1％、月経困難症や婦人科疾患、がん検診のみを受診される方が69％です。データを調べて驚いたのは、5人に1人の患者さんが鉄欠乏性貧血であったことです。

ここでは女性の生涯を通じた健康に関することと、ホルモンとともに生きるということ。そしてMenopause（メノポーズ＝閉経）、閉経を越えたその先についてお話ししたいと思います。

◆性と生殖に関する健康と権利「ＳＲＨＲ」

今回皆さんに考えていただきたいのは、「ＳＲＨＲ（セクシャル・リプロダクティブ・ヘルス・アンド・ライツ）」に基づいた女性のウェルビーイングを目指すには何が必要かということです。

SRHRとは、性と生殖に関する健康と権利の略です。「セクシャル・ヘルス」は性に関する心身の健康、「リプロダクティブ・ヘルス」は生殖に関する心身の健康、「セクシャル・ライツ」は性を自分で決められる権利、つまり女性として生きていくのか、男性として生きていくのか、その他の性で生きていくのかを決める権利です。

「リプロダクティブ・ライツ」とは、産むか産まないか、いつ何人の子どもを持つかを自分で決める権利のことで、私はこの言葉を聞いた時、本当に目からうろこが落ちました。リプロダクティブ・ライツは1994年にエジプトのカイロで開催された国際人口開発会議で提唱されたのですが、文献を読んで「私たちはこういう権利を持っているのか」と、とても感動しました。

ウェルビーイングとは、「身体的、精神的、社会的にすべてが満たされた状態」です。これからはぜひ、SRHRの概念も踏まえてウェルビーイングを考えていただきたい。産婦人科医の立場からそう願っています。

◆月経不順から出産・復職までの道のり

ここで、私のライフイベントと女性ホルモンの関係をお話しさせていただきます。

私は身長が168センチ以上あります。子どもの頃から背が高いほうで、小学6年生の時にはすでに165センチあったのですが、なかなか初潮が来ませんでした。最近の女子では小学5、6年生が平均的なのですが、中学2年の終わりにやっと初潮を迎えました。しかも、私の卵巣は月経不順の「多のう胞性卵巣」というタイプだったので、中学校3年間で2回しか月経が来なかったのです。ですから、試験勉強も水泳も部活でも月経にはまったく悩まされず、「どうして女子は大変なのかな」と、女子でありながら生理の悩みがわからない中学時代を過ごしました。

その後、大学進学を経て医師となり、大学時代から交際していた主人が沖縄出身だったため、沖縄へ移りました。その間も月経周期は2～3カ月で、なかったり毎月来たりと乱れ、「いつ妊娠したかわからない」ほどの月経不順でした。多少のＰＭＳ（月経前症候群）もあり、月経前にイライラしたり眠れなくなったりしたこともあります。ときどき重い月経痛があり、産婦人科医でありながら上司に「どうしたらいいですか」と相談したら、「早く鎮痛剤を飲まないと」と怒られたほどです。鎮痛剤は痛みの物質プロスタグランディンの合成阻害の働きをするので、痛みが軽いうちに内服することが必要なのです。当時は月経痛用の低用量ピルはありませんでした。

29歳で初めての出産を迎えるのですが、当時は大学からの派遣で公立病院に赴任していて、2～3日に1度の当直をこなしていました。ドクター3人で月約50件のお産を診る日々でしたが、1年ぐらいして突然、妊娠が発覚しました。非常勤だったので、人事課に「産休はあるのですか？」と相談すると、「非常勤の人は退職です」と言われて驚きました。急いで大学病院の医局に「退職って言われたんですけど、私、どうなるんですか？」と、電話した覚えがあります。その後、大学病院に戻り育休を取れましたが、看護師には育休があるのに医師にはない時代でした。

出産後は6カ月ほど不調が続きました。階段を上るのもきつく、産休が明けて仕事に出ても漢字の書き方も忘れていて、自分が哺乳類の動物になったような気分でした。ホルモンに支配されているイメージというか、母乳をあげるマシンになったような心境でした。

産婦人科医でありながら初めての育児は本当に大変でした。私の実家は長崎なので、助けてくれる人が近くにいません。琉球大学病院に保育園があったので、産後8週で仕事に復帰しました。もし1歳からしか預けられる場所がなければ復帰していなかったかもしれません。

2年後に再び妊娠し、1歳7カ月あけて男の子が生まれました。その際も第1子出産の時ほどではないものの、不調やホルモンの乱れに悩まされました。その2年後に第3子が生まれ、末っ子が6カ月の時に主人のアメリカ留学が急遽決定しました。

私は日本に残るか迷いましたが、「家族は一緒がいい」と思ったのと、「自分もアメリカに行ってみたい」という思いがあり、4歳、2歳、6カ月の子を連れて家族で渡米しました。

アメリカでは、住まいの近所にあったニューヨーク市のコーネル大学医学部生殖医学センターで学びました。ここは当時全米ナンバーワンの体外受精の拠点でもありました。長女は歩ける年齢でしたが、下の子ふたりを双子用のベビーカーに乗せて街を歩く大変な生活でした。育児ノイローゼのようなものにもなりました。

帰国後は、アメリカでの学びを活かし体外受精の分野に携わっていました。その頃は30代後半でホルモンも安定していて体調もよく、育児と家事と仕事に、自分の時間をすべて捧げていました。

◆更年期症状のはじまりと緩和

ところが、42歳の頃から「疲れが取れないな」と自覚するようになり、このあたりからホルモンの乱高下がはじまります。月経は順調で月経不順はありません。ただ、どうしても疲れが取れなくなり、全身が痛くなっていろいろな病院を受診してまわっていました。膠原病の疑いがあり、指が腫れてへバーデン結節もできて神経内科や整形外科も受診。しかし、血液検査には何も異常がなく、慢性疲労症候群か線維筋痛症ではないか、となりましたが、これといって治療法が見つかりませんでした。肩も四十肩で上がらず、半年間、整形外科でリハビリを受けましたが、一生続けようと思っていた体外受精の仕事を辞めました。「仕事を辞めて専業主婦になるしかない」と思ったほどでした。

ある時、青森で更年期医学会（現在の日本女性医学学会）が開催されると知り、気晴らしを兼ねて参加してみることにしました。すると、そこで「女性ホルモン補充をすると関節痛が取れ、関節リウマチの発症率が低下する」という文言に出会ったのです。ならば自分も低用量ピルを試してみようと飲みはじめたら、これがすぐに効いて2週間後には痛みが取れました。仕事も直近2年間ほど休んでいたのですが、体調が回復したのを機に、現在のクリニックを開業しました。学会に参加してからわずか半年後のことでした。

その後、50歳を迎えたのを機にＨＲＴ（女性ホルモン補充療法）に変更し、２０２１年8月に還暦を迎えました。今後も骨粗鬆症や動脈硬化予防のためにＨＲＴを継続していく予定です。子どもたちもみんな社会人になったので、やっと自分の好きなように仕事ができる状態になりました。

子どもが小さい頃は「子どもが小学生になったらバリバリ働けるのかな」とか「高校生ぐらいになったら自分の時間が持てるのかな」と思っていたのですが、ずっと女性ホルモンやいろいろなライフイベントに翻弄されてきた人生でした。**今、ようやく自分の人生を俯瞰できるようになって、「あの時の自分はこういう状況だったんだ」と理解できています。**歩んでいる最中には自分がどの位置にいるか、どんな状況なのかはなかなかわからないのだと思います。

◆女性ホルモンの変化を知る

私の例のように**女性ホルモンは毎月変化しますし、思春期や更年期、妊娠・出産によりさらに大きく変動します。**閉経すると、ほとんどゼロにもなります。

女性は毎月の周期的変化に加え、経年的変化により心身の状態が変動しています。女性ホルモンと様々なライフイベントの変化の中で、どのように自分の人生を歩むかというプランニングが必要になります。

ここから医学的なお話に入ります。産婦人科の医師は子宮と卵巣と膣と乳房、いわゆるビキニを着た時に隠れる部分だけを診ているわけではありません。

卵巣は男性にとっての睾丸のような存在です。研修医時代、産婦人科に入院していたきれいな女性の患者さんが、今度睾丸を摘出するのだと聞いて驚きました。胎児は、はじめの頃はみな女性の身体をしていますが、テストステロンという男性ホルモンによって男性になっていきます。その方は男性ホルモンのレセプター（受容体）が欠如していたため、男性の「ＸＹ」染色体でありながら外見はまったく女性で、お腹の中に睾丸があったのです。歳を重ねるとがん化する可能性があるため、摘出手術を行なうとのことでした。このように、性というのはあるようでないというか、不確定なものなんだと実感しました。

女性の内性器を見ると、子宮の前に膀胱があり後ろに直腸があります。そのため子宮の変化は、尿漏れや膀胱トラブルにも影響しますし、骨盤の最下部に位置する骨盤底筋の低下によって臓器脱になり、頻尿や尿失禁に悩む女性もたくさんいます。

月経が起こる仕組みですが、これは脳の視床下部と下垂体、卵巣間のホルモンのやり取りによるフィードバックで制御されています。視床下部は過度なダイエットやストレス、アスリートに多い栄養不足、運動過多によって「今、妊娠してはいけない状態だ」と認識し、命令のホルモンを出さなくなります。

「卵をつくりなさい」と命令する卵胞刺激ホルモンＦＳＨ（follicle-stimulating hormone）と黄体化ホルモンＬＨ（luteinizing hormone）のブレンドで卵巣では卵子が成熟し、卵子周辺の細胞からエストロゲンという女性ホルモンが分泌されます。

排卵後にはプロゲステロン、つまり黄体ホルモンが出るのですが、この2つを合わせて女性ホルモンと呼んだり、エストロゲンだけを女性ホルモンと呼んだりします。女性はこのようなフィードバックシステムに制され、翻弄されているのです。

「子宮を摘出すると女じゃなくなるのでは？」と言う人がいます。実際には、女性ホルモンは子宮からではなく、卵巣から分泌されています。子宮は女性ホルモンに反応して内膜が厚くなり、妊娠の準備をして妊娠しなければ内膜がはがれて経血となって体外に出ます。これが月経です。

女性ホルモンのレセプター（受容体）は体のあらゆる組織に影響しています。レセプターは「アルファ受容体」と「ベータ受容体」に分類され、子宮や卵巣、乳腺など女性らしい組織にはアルファ受容体が、骨や脳、そのほかの組織にはベータ受容体が影響します。「エクオール」成分の大豆製品は、ベータ受容体に作用するため乳がんの方でも摂取することができます。また、「ＳＥＲＭ製剤」という女性ホルモンそのものではない製剤もベータ受容体に効くということで、骨密度維持のため使い分けて処方されています。

月経のリズムは毎月変動していますが、先ほど申し上げた脳からの命令によって、卵胞は水風船のように育ちます。その中に卵子の大きさは０・１ミリほどで肉眼でもギリギリ見ることができますが、まわりに白身のようなものがついています。それが排卵されると黄色い「黄体」になり、黄体ホルモンを出して女性ホルモンの波が現われます。排卵の頃には、脳からも黄体形成ホルモンが大量に分泌されるため、排卵日の頃に気分が悪くなる人もいます。

そして、この2つのホルモンが盛り上がった頃が基礎体温のいわゆる高温期です。体温も上がり、むくみやのぼせ、ムカムカするなど、妊婦さんと似た症状が出ます。女性は月の半分調子がよく、あとの半分は不調といった波を毎月繰り返していくのです。

◆女性は7年ごとに変化する

女性の一生とホルモンについて考えてみましょう。思春期、成熟期など、年齢とホルモンの変化を表わした一般的なグラフがあります。

漢方の世界では「**女性は7年ごとに変化する**」と言われています。14歳までに初潮を迎えて、21歳頃から性成熟期に入り、34歳まで成熟期です。そして、35歳から高齢初産ですし、35歳頃から卵子も老化すると言われていますので、このあたりが変わり目になります。昔は49歳頃で閉経を迎えると言われていました。その頃の平均寿命は50～60歳でしたので、その先の記述はありません。ですが、現代の私たちはさらにあと半分、50歳を折り返し地点として、その倍を生きていかないといけないというわけです。人生の半分が老年期となります。

女性ホルモンの変化

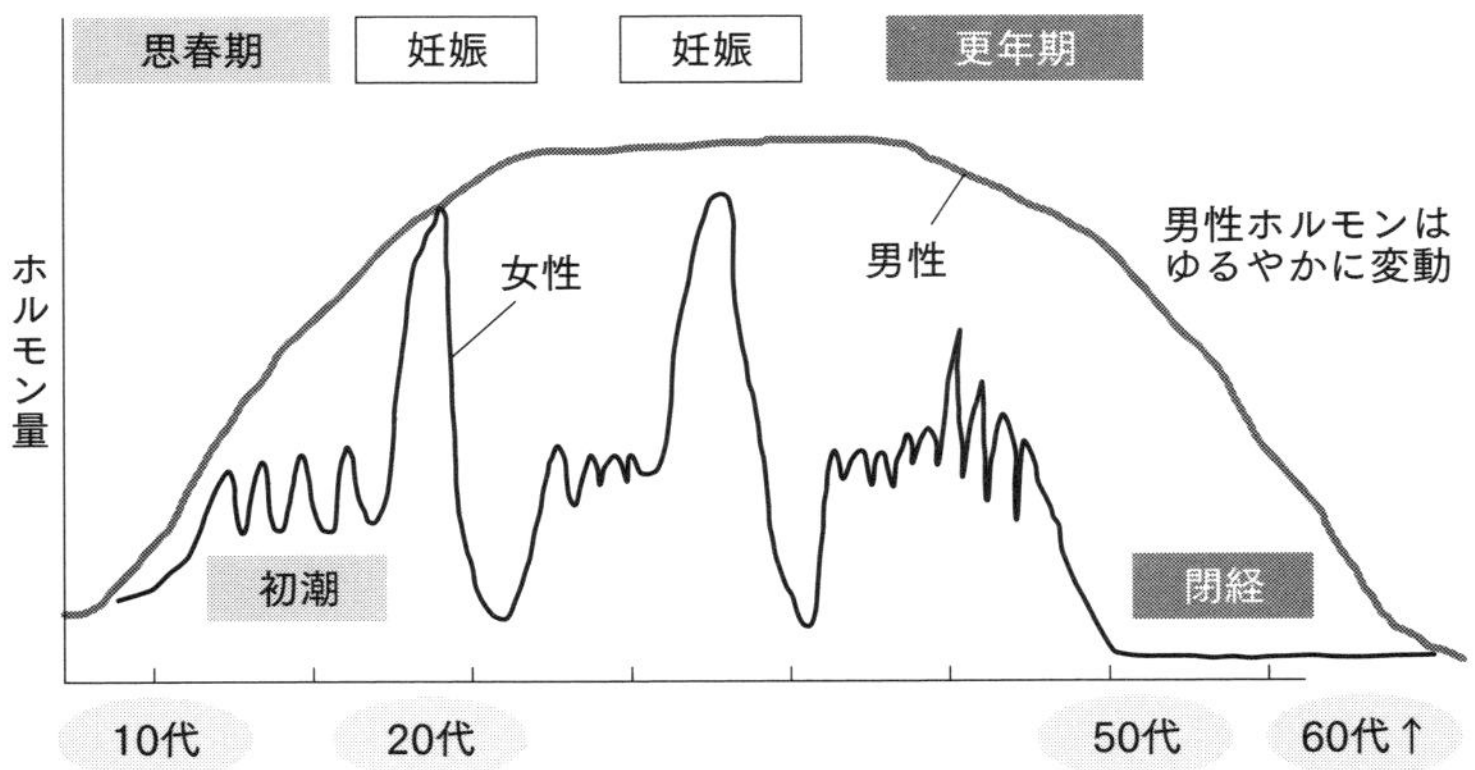

出所：Naoko女性クリニック

女性の人生を図に表わすと、毎月変化しながら妊娠・出産で高下を繰り返して、徐々に落ちながら更年期に至ります。男性はというと、男性ホルモンは毎月の変化はありません。男性の更年期ももちろんありますが、ゆるやかに落ちていくので女性ほど激しく症状が出ないケースが多いです。

◆月経の基礎知識とトラブル

次は、月経のトラブルについてお話しします。以前、漢方薬品メーカーのツムラから「生理トラブルをテーマに、若い女性が手に取りやすい冊子をつくりたい」という話があり、監修しました。そこでは、生理のトラブルとさよならするために知ってほしいことを5つあげています。

その中の1つ目は「**PMSは女性の70％が抱えている**」ということ。症状は、イライラや頭が重い、むくみなど人それぞれです。**〝ホルモンの波乗り〟**も大変です。赤ちゃんをおんぶした女性が片手にパソコンを持ちながらサーフボードに乗って波乗りしているイラストを見たことがありますが、本当に毎月波乗りをしているようなものです。

「PMSなんかでお医者さんに相談していいのだろうか」と思っている人もいますが、相談してみると、いろいろな対処法があることがわかります。治療には漢方薬や低用量ピル、抗うつ薬、抗不安薬などを使います。まずは自分のパターンを知る、治療を受ける、運動や気晴らしをするということが大切です。

月経痛を我慢している人も多いのですが、月経痛が重い人や痛みを感じやすい人の中には、陣痛と同程度の痛みを抱えている場合もあり、救急外来に来られる人もいます。ですから、なるべく痛くなる前に痛み止めを飲みましょう。「母親や養護の先生から鎮痛剤はたくさん飲んじゃダメと言われた」という方もいますが、我慢した人ほど不妊症になる割合が増加するというデータも出ています。こういう情報が必要です。

月経の経血量は他人と比べるわけではないので、「多いけど、このくらい普通でしょ」と思い込んでいる方も多いです。普通の経血量は5日間から1週間の合計でだいたい140ミリリットル以内です。多い方はこの量が半日で出てしまう人もいます。「親指の頭より大きいレバー状の塊が出ると異常の疑いがある」など、女性一人ひとりに教えてあげないとわかってもらえないのが現状です。

鉄欠乏性貧血やひどい月経痛、過多月経は子宮の病気が原因になっていることがあります。年代によっては子宮内膜症の腺筋症やチョコレート嚢胞、30～50代に多い子宮筋腫も一因です。月経痛や貧血は十人十色で、症状が軽い女性は同じ職場にいる重い症状の人のことが理解できないということもあります。

ここで貧血の症例を紹介します。43歳で3人のお子さんを持つ方で、過多月経と貧血、腺筋症で子宮の壁が厚くなり、通常はニワトリの卵くらいのサイズの子宮自体がグレープフルーツくらいに大きくなっていました。

35歳から重度の貧血症状があり、ヘモグロビン量は一般の方の半分でした。この方は、39歳の時に黄体ホルモンを子宮内で5年間分泌するT字型リング「ミレーナ®」を子宮内に入れました。すると、それまで生理のたびに時間を気にしてトイレに行ったり、時には職場の人に迷惑をかけたりすることもあったのですが、ミレーナを入れてからは自分が生理であることを忘れる日々を送れるようになりました。「貧血も改善でき、普段通りに過ごせて快適です」と話していました。

過多月経や過長月経により、女性は鉄欠乏性貧血になります。貧血の症状は動悸や息切れなどです。よく「貧血＝クラクラして倒れる」イメージがありますが、そういう人は少なく、ほとんどの方が無症状です。長年の貧血に慣れてつらさを感じにくくなっているのです。

治療法として、鉄剤の内服は保険が適応されますが、「酸化第一鉄」は胃が痛くなったりムカムカ感が現われたりして、数人にひとりは「飲みたくない」とおっしゃいます。そのため、ヘム鉄などのサプリメントも上手に利用しないといけない状態です（最近は保険のきく副作用の少ない「クエン酸第二鉄水和物」があります）。根本的には過多月経を治さなければならず、貧血の治療の方が毎日たくさんクリニックに来ています。鉄欠乏状態では、フェリチンの減少がうつの原因になることがあります。だから妊娠中や産後のうつ更年期にも背景に貧血が隠れている方も結構います。

◆不妊治療の現在

不妊症についてですが、私が体外受精の治療をはじめた1990年代は、日本の体外受精による出生児は100人に1人、1学年に1人いるかいないかぐらいでした。それが2019年時点では14人に1人となっています（厚生労働省2017年人口動態統計および日本産婦人科学会ARTデータブック　2017年）。

不妊症とは、通常の性交を行なっても1年間妊娠しない状態を指します。以前は10組に1組と言われていましたが、初婚年齢が上がっていることもあり、最近では5～6組に1組程度です。ピルの使用率の低い日本では、重い月経を何年も繰り返していることもあり、子宮内膜症から不妊症になるケースや年齢的にも卵子が老化することで不妊症が増えています。

体外受精の年齢別妊娠率ですが、これは私が以前在籍していた病院で、胚移植という受精卵を子宮に戻したあとに何%妊娠するかというデータに基づいてお話しします。34～35歳では40～50%、約2人に1人は妊娠し、流産率は15%です。40歳を超えると妊娠率は10～20%ぐらいに落ち、受精卵を子宮に戻して出産に至るのは100人に5～10人程度で、約50%は流産となります。45歳以上で妊娠した方はゼロでした。

最近では卵子の老化防止への関心が高まっていますが、そのためには食事や運動に気をつけるようにします。抗酸化物質は抗老化になりますので、ビタミンC、E、アスタキサンチン、コエンザイムQ10やポリフェノールなどの物質を摂取するようにします。そして卵子を若いうちに凍結し、産みたい時に使うという技術も最近では出ています。また、体外受精で何個卵を採れるかや卵子の老化の指標として「AMH（anti-mullerian hormon）」の数値も使われます。

◆更年期を正しく知る

次に更年期のお話をします。「閉経」は最後の月経から12カ月後、つまり1年間月経がない状態で定義します。ですから50歳0カ月まで月経があった人は、51歳になった時点で50歳が閉経だったとみなします。日本の平均閉経年齢は50・5歳と言われています。

更年期とは、閉経前後5年ぐらいを指します。いわば女性の生殖期から非生殖期への移行時期です。日本では、更年期の人はイライラして怒っているイメージと言われます。実は私も若い頃、更年期の患者さんが来ると、「怖いなあ」「話が長いからどうしよう」と避けていたこともありましたが、これからの時代は、「**更年期をもっとハッピーなイメージにしたい**」と考えています。

更年期の「更」は、更衣室や免許更新の「更」と同じように、「変化する」という意味を持っています。英語では「Menopause」という言葉しか該当しないのですが、日本では更年期を〝変わっていく時期〟と捉えているのは素晴らしいことだと思います。

昔は、日常生活に影響を与えるぐらいの症状が出たら「更年期障害」と言われていましたが、現在、保険上の病名では「更年期症候群」と呼ばれます。

更年期症候群は、女性ホルモンがゼロになるから起きるわけではありません。私自身も月経が規則正しくあった頃に体調が悪くなったのと同じで、卵巣が働かないと脳から大量の命令が出て、ホルモンの数値が急上昇するケースがあります。通常、E_2＝エストラジオール（エストロゲンの一種）の値は1個の排卵で200pg/ml程度なのですが、1000〜2000と、5〜10個排卵したような高値を示す方もいます。そしてその後、ホルモンの数値がガクッと下がるのです。ホルモン値が毎日株価のように乱高下して、心と身体の不調の原因になったり、仕事のパフォーマンスへ影響したりします。

更年期には様々な症状が出ますが、自律神経失調の症状、のぼせ・ほてり、発汗、動悸などは交感神経が興奮しすぎている状態です。脳の中枢の自律神経が乱れると言われていますが、まだ詳しい機序はわかっていません。便秘や下痢になったりするのは副交感神経が原因です。

それから、私も悩まされたのは整形外科的な関節痛、筋肉痛系です。へバーデン結節ができ、痛みや腫れで手指が使いにくくなりました。女性ホルモン自体が不足して膣炎や性交痛も起こったりします。また、皮膚や粘膜の乾燥、かゆみ、咳ぜんそくなどのアレルギー症状が更年期に初めて出る人も。不眠や不安感、イライラという精神症状を抱える方も多いです。

日本人ナンバーワンの症状は「肩こり」と言われていますが、英語では肩こりという言葉はありません。欧米では「ホットフラッシュ」が一番有名で多い症状です。このように、更年期には様々な症状が出て、その種類は多岐にわたります。

更年期症状がどのようにつくられるかというと、女性ホルモンの減少や変化による影響だけでなく、家庭環境や社会の環境、ストレス、個人の性質、心理的な性質も影響します。「Bio（生物）」「Psycho（心理）」「Social（社会）」の3要素が相まって「Bio-Psycho-Social model」と言われ、いろいろな症状を引き起こすのです。

女性のヘルスケアとしての更年期治療は、症状を緩和し「QOL（クオリティー・オブ・ライフ）」の向上を目指しています。さらに、老年期に向けて急に女性ホルモンがなくなると、コレステロール値が急上昇したり動脈硬化を起こしたり、いずれ60代、70代の脳梗塞、心筋梗塞などにつながっていきます。私も50歳から急にコレステロール値が上がりました。

また、女性ホルモンが低下すると、骨がつくられるスピードより骨が溶けるスピードが上まわるため、骨密度が低下し骨粗鬆症の原因になります。70歳になると大半の方がその域に達すると言われていて、内臓が元気でも骨折などによって寝たきりになってしまうことが起こります。正しく知ることで、健康寿命を延ばすことの大切さがおわかりいただけるでしょうか。

◆人それぞれに合う漢方がある

治療のひとつである漢方療法についてお話しします。**漢方は、身体の「気」「血」「水」のバランスを整える**という考え方に基づいていて、同じ更年期でもその人の体質に合わせた異なる薬が処方されるシステムになっています。冷え・むくみを取る、血液循環を改善する、自律神経を整えるという、婦人科三大漢方と呼ばれる3つ「当帰芍薬散《とうきしゃくやくさん》」「加味逍遙散《かみしょうようさん》」「桂枝茯苓丸《けいしぶくりょうがん》」があります。「気」は気持ちや元気のようなエネルギー、「水」はいわゆる水分やリンパ液みたいなもので、「血」は血のめぐりのようなものです。

「当帰芍薬散」はむくんで冷え性の方に。イライラしている人には「加味逍遙散」。がっちりタイプでお腹が痛い人には「桂枝茯苓丸」。といったように**体質や性質（証）を重視するのが漢方の考え**です。ツムラさんと作成したパンフレットでも、「漢方的にあなたはどのタイプですか？」といったチェックリストを作成し、自分のタイプがわかるようにしました。

そして、漢方には「**養生**」**というセルフケアの考え方**があります。自分でマッサージしたり歩いたり、バスタブに浸かったり、食事や睡眠を改善したりと、様々な対処法があります。

◆女性の病気は様々

次に年代別の疾患です。まず20~30代の若い世代、性成熟期は前述したようにPMSや子宮内膜症による月経困難症、卵巣が腫れるトラブルなどが多く、子宮腺筋症や子宮筋腫などによる貧血に悩まされます。

50歳頃、閉経期を超えると生活習慣病がはじまります。生活習慣病とは高血圧、糖尿病、高脂血症などを指します。女性ホルモンが低下して骨粗鬆症になったり、やがて認知症がはじまったりというように、女性は年代によって急に疾患が現われるのです。一方、男性は徐々に現われるという感じです。また、全年齢に関して子宮がん、卵巣がん、乳がんなど、がんの問題もあります。

女性と精神の関係で言うと、「胃が痛い」「頭が痛い」など、心のいろいろな問題が身体の症状に現われることを「**心身症**」と言います。「ずっと石が乗ったように頭が痛い」とおっしゃる方が実は「うつ」で、うつ病の薬で頭痛がよくなりました。このように、うつ病や躁うつ、つまり、気分障害の範疇に入る方もいます。女性のうつ病発症率は男性の2倍ぐらいです。これが先ほどの鉄欠乏性が起因するのか、もともとの男女差によるものかは論議があるところです。パニック障害や適応障害、不安障害などの症状も聞かれます。それから拒食や過食などの摂食障害もです。

また、更年期もうつ状態になりますが、更年期のうつ状態は抗うつ剤を使わず女性ホルモンで解決することがあります。私も女性ホルモン剤を使っていますが、やはりホルモンを使うとやる気が出るというか気持ちが晴れやかになるんです。ただ、本当のうつ病の人には女性ホルモンは効かず、抗うつ剤などの適切な治療と休業、カウンセリングなどが必要になります。

当院における診療の流れですが、まず丁寧に問診をします。どんな仕事をしているか、週何回、何時間働いているか、家族や誰と住んでいるかからはじまり、何歳の子どもがいるかや、介護・看病している人の有無なども聞きます。警察の事情聴取みたいで嫌がる方もいるのですが、その方の背景を聞かないと把握できないことがあります。あとは婦人科系疾患がないかを診察して、その人に合った漢方薬やホルモン剤を処方したり、それ以外にも食事・運動の指導やサプリメントの紹介、鍼灸などもすすめたりと統合医療的に関わっています。カウンセリングを通して傾聴・共感をするだけで、薬を飲む前なのに元気な顔になって帰って行かれる方もいます。

◆ケース紹介

ここからは症例をご紹介したいと思います。50代主婦、2回の妊娠、1回の出産、10歳の子どもあり。ほてり、怒りやすくイライラする症状があって来院されました。1カ月前からイライラして、落ち込みもある。2週間前から漢方薬局で処方された「加味逍遙散」を飲み、少しほてりや疲れがよくなったものの、怒りやすいし、イライラする状態が続いていました。

問診をして、先ほどの漢方の考えで言う「水が身体にたまっている状態」「血のめぐりが悪い状態」「イライラしている状態」に該当することがわかり、水をさばく漢方とイライラを解消する漢方の2つを処方しました。するとほてりがなくなり、肩こりもよくなり、表情もよくなり元気そうになりました。漢方は何年も飲まないと効かないわけではなく、2週間程度でもかなり改善していくことも多いのです。さらに6週間後、当初はお腹を押すと痛い箇所があったのですが軽減し、血のめぐりがよくなり、更年期をカウントする指数もかなり改善していました。

処方したのは、「当帰芍薬散」と「加味逍遙散」です。この2つの漢方は、女性外来や婦人科では様々な症例に頻用されています。それぞれ効果がありますが、ストレスが多い現代女性において気持ちの問題と水の問題の両方が強く見られる症例では、この2剤を併用すると著しい効果が確認できました。この組み合わせは更年期とＰＭＳ（月経前緊張症候群）の両方に使えます。

次は68歳の方です。56歳から骨粗鬆症予防も兼ねて女性ホルモン補充療法のシール（エストロゲンと黄体ホルモンが入ったパッチ）を腹部に週2回貼付しはじめたところ、体調がよくなりました。

現在も女性ホルモン補充療法を続行していますが、スイミングやウオーキングも楽しまれており、骨密度もかなり保たれています。このように、その人に合った対処法で健康を保つことが大事だと思います。女性ホルモン療法と言うと、注射でホルモンを補うイメージがあると思いますが、塗り薬や貼り薬などもあります。ホルモン補充療法（ＨＲＴ）は、ホットフラッシュや様々な症状にかなり有効ですが、脳梗塞や心筋梗塞、乳がんの病歴がある方には使えません。

次は乳がんの方です。乳がん手術後に肩こり、動悸などの症状があり、仕事を退職され、眠剤、抗うつ剤を服薬していました。婦人科では筋腫以外は正常です。

この方は、自宅で義母を介護しているストレスもありましたが、カウンセリングや鍼灸、漢方を試しても少ししか症状は改善しませんでした。でも、ある時から、身体が元気になって顔色もよくなっていったのです。この方は乳がんだからホルモン療法はしていなかったのですが、「エクオール製剤」を毎日摂取した結果、漢方を飲むのを忘れるぐらい元気になったのです。介護も順調で、物事を客観的に見られるようになったと現在は復職されています。

これら3ケースのように、漢方、ＨＲＴ（ホルモン補充療法）、エクオール製剤と、それぞれに合った治療法がありますし、それぞれ併用もできます。

女性にはいろいろな生き方があります。専業主婦の方、仕事と家庭がある方、子どもがいる方・いない方、独身キャリアの方、独身で無職の方などがいます。近年は出産年齢が高いので、子育てと介護が重なる「ダブルケア」の方などもいます。

それぞれ様々な問題にぶつかりながらやがて更年期になり、親の介護をし、自分の老年期に向き合い個々のコースを歩いていきます。

女性のヘルスケアには、女性の健康増進と「ＱＯＬ（クオリティー・オブ・ライフ）」、生活の質の向上、健康寿命を延ばすことが必要だと思います。身体的、心理的、社会的な要素によって、様々な症状が起こります。それに対して、西洋医学や東洋医学のアプローチに加え、**大事なことは心理的療法、受容と共感です。**女性は男性より共感を求めています。

働き方・考え方を見直すことも大事です。私自身、現在のような仕事に就いているとは、20代の頃はまったく思っていませんでした。ライフイベントとともに生き方を見直してきて今に至ります。クリニックに来院される個々人に合った治療と生活の改善、特に運動と食事の大切さを伝え、常に統合医療を提供しながらも、生活の質を向上させ、健康寿命を延長させることが私の目標です。

◆女性の心身に必要なサポート

すべての女性と個人、そして企業に何が必要なのかを考えてみると、私が大切だと感じるのは包括的性教育です。妊娠や避妊教育だけじゃなく、ＳＲＨＲに基づいた月経や女性の特性への理解が必要です。

そして、「プレコンセプション教育」、妊娠前の教育です。妊娠に向けて甲状腺疾患や糖尿病リスクなど、妊娠中に問題を起こすような体質がないかを事前に知り、解決しておくことも大事です。さらに、更年期とその先には先ほどのような生活習慣病が出ることも学んでいただきたいと思います。

加えて、女性の特性に沿った食育も大切です。鉄分やビタミンＤが不足している女性も多く、ビタミンＤ不足のためにカルシウムが吸収できず骨粗鬆症になる方もいます。葉酸やビタミンＢ12も貧血や妊娠、プレコンセプションケアに必要な要素です。

最近では月経カップや吸水パンツなど、月経トラブル、尿漏れトラブルに対応したフェムテック製品がたくさん出ています。女性の健康の実現のためにはまだまだ様々なニーズがあるということです。

女性の特性に根差した医療や健診も必要です。男性向けに設計されているメタボ健診では、貧血の症状があっても婦人科ではなく内科に行きなさいと言われてしまいます。内科で鉄剤を３カ月飲んで改善したからと、またほったらかしてしまった人もいます。経血量の多い人はそれを婦人科で治さないと、またすぐ貧血に戻ってしまいます。甲状腺疾患や関節リウマチなどは、女性の発症率がかなり高いので、これらの健診も大切です。

今、「痩せ」が問題になっています。日本の若い女性は世界で一番痩せていると言われるほど、問題が多くあります。骨粗鬆症やうつによる心身症など、女性に多い疾患にもっとポイントを置いた検診をしていくことが必要ではないでしょうか。

さらに、家事の負担軽減と意識改革ですね。家事や育児は女性だけに負担がかかるケースがまだまだ多いです。私がアメリカに行った時、食器洗い機がどの家庭でも標準装備で驚きました。日本ではまだ分譲マンションでも標準装備ではないですよね。また、ロボット掃除機や、お金を出して家事代行サービスを頼むことも大事かなと思います。私もこれらに助けられてきました。

産後ケア施設も必要だと常々思っています。私も産後に子どもを預ける場所がなく買い物にも行けずに困った経験があります。産後1カ月ほど合宿のように過ごせる場所があれば、女性もゆっくりと時間を過ごせるのではと思います。

また、介護の負担軽減、意識改革も重要です。介護する方には我慢している人、諦めている人が多いです。介護する側が「助けて」と周囲にヘルプを求められる仕組みや場所が必要です。

スウェーデンやデンマークには、若い人に無料で避妊具や情報を提供する「ユースクリニック」という場所があります。産後や更年期などにも、コミュニティづくりと情報共有の場が求められていると感じます。

◆今後の女性のためのウェルビーイングへの想い

まとめになりますが、女性ヘルスケアのポイントは、「周期的な変化」「妊娠出産関連の変化」「年齢的変化」「健康寿命を延ばす」などがあります。女性が寝たきりで過ごす平均期間は12年、男性は6～7年と言われています。現在の女性の平均寿命は86～87歳ですが、50歳まで健康に生きた女性の平均寿命は89歳と言われています。そのうちの12年を寝たきりで過ごすことがないよう、自分の足で歩いて、立って、考える人生を送っていただきたいと思います。

職場側が求められる対応としては、生理休暇の取得促進や不妊治療休暇の拡充です。今度、国家公務員にも不妊治療休暇が付与されるようになると聞きました。

あとは、日本には普及していませんが、「メノポーズ（更年期）休暇」など、海外では生物学的な理由による休みという「Biological Brake」もあります。

あとは、社内保健室のような気軽に相談できる窓口です。ドクターにオンライン相談したりピルの処方が受けられたりと、いちいちクリニックに出向かなくても自分に合った処方を受けられるような方法が必要とされています。今、沖縄では、企業とクリニックが連携できる仕組みを開発中です。

最後に、「With Hormone beyond Menopause」という言葉をお伝えして結びとしたいと思います。皆さん、女性の生涯を通じた健康に関することをもっと知りましょう。女性の身体と心、女性ホルモンの知識を教育やアプリ、オンライン相談を活用してみんなで勉強しましょう。

もっと一人ひとりに合ったプランや製品を考えてください。ヘルスケア、メンタルケア、キャリアプランニング、家事・育児・介護の負担軽減、意識改革。日本人はホルモン剤を「怖い」ものと思う風潮があり、なかなか普及しません。ピルもＨＲＴ（ホルモン補充療法）も、欧米では利用率30〜60％なのに対し、日本はわずか2〜5％です。ホルモン剤をうまく使うなど、セルフケアを心がけてほしいと思います。

フェムテックの力と社会・企業の意識改革により、女性がよりよく、生きやすい社会になるといいなと思います。

アンケート結果から見る「今なぜ、ウェルビーイングなのか？」

2022年6月8日 講演

PROFILE

笹尾敬子
一般社団法人放送サービス高度化推進協会 常務理事／日本女性ウェルビーイング学会 代表
女性総合職第一号として日本テレビ放送網に入社。マスコミ初の女性警視庁クラブ詰め記者。複数の報道番組でキャスターを務め、報道番組部長兼チーフプロデューサー、コンプライアンス推進室長、業務監査室長などを歴任。一般社団法人国際女性支援協会理事など。

もうすぐ65歳になる女性として、また、日本女性ウェルビーイング学会の代表として、私が日頃の活動を通じて、思っていること、考えていることを等身大でお話ししていきたいと思います。

まずは、私が社会的存在としての「ウェルビーイング」を考えるようになったきっかけを理解いただくために、私のキャリアをお話しします。

私は日本テレビ放送網株式会社に1981年に入社しました。男女雇用機会均等法が制定されることが決まってはいたものの、まだ施行前のことです。時代を先取る形で、日本テレビの女性総合職第一期生として入社したのですが、女性のみ指定校制度で、学校推薦が必要という不平等なものでした。それでも当時の銀行や商社といった大手企業では、女性は男性の補助職としての役職しかなかったので、採用されたのは本当にラッキーと言うしかありません。その後、念願叶って**報道局初の女性記者として配属**されました。それまでは、女性が事件現場に行くこともなかったため、マスコミが入ることができる一番手前の非常線をくぐろうとすると、必ず警察官から笛を吹かれて「君、どこに行くんだ」と止められていました。警視庁の記者証を見せると最敬礼で「失礼しました、どうぞ」と通してくれる。それを見ていた野次馬の人たちから「よっ、姉ちゃん、かっこいい」と声がかかる。そんな時代でした。

そんな私の姿は当時の新聞に、**「桜田門の紅一点」や「美女事件記者、走る」と書かれ、今では到底考えられない男性目線の見出しが躍りました。**

その後も日本テレビで様々な業務に携わり、7年前、日本テレビがサントリーから買収したフィットネスクラブ「ティップネス」の取締役等を経て、現在はテレビの業界団体の常務理事を務めています。

それとは別に、個人的活動である**「日本女性ウェルビーイング学会」**代表としての話もしたいと思います。

2017年、当時の野田聖子総務大臣兼女性活躍担当大臣に「日本の女性のウェルビーイングの推進」の陳情を行ないました。この様子は日本テレビのニュースでも放映してもらいました。

そのほかにも、国際女性支援協会の理事を務めていて、年齢や容姿にとらわれないミセスコンテストを主催し、女性が自ら輝くお手伝いをしています。それから日本女性財団のお手伝いや、50歳以上の働く女性たちのネットワーク「ウーマンフィフティアップネットワーク」の代表等も務めています。

◆「ウーマンフィフティアップネットワーク」の立ち上げ

「ウェルビーイング」についておさらいすると、1948年、WHO（世界保健機関）の憲章で初めて定義されました。個人によって仕事や家庭など置かれている状況は違いますが、「肉体的、精神的、社会的すべてで自分の存在そのものが幸福であること」と定義しています。今では様々なところで指標が生まれていますが、私はこのWHOの定義が一番シンプルでわかりやすいのではと思います。

ポイントは、心と身体の健康に加えて、「社会的健康」という概念が加わっている点です。また、「happiness」がおいしいものを食べて「あぁ幸せ」という瞬間的な感情であるのに対して、「well-being」は**持続的な幸福の状態**を意味します。「その状態がずっと続いている」ことが重要です。

私自身のウェルビーイングの取り組みとしては、2015年に異業種の仲間5人と「ウーマンフィフティアップネットワーク」を設立しました。設立理由は、男女雇用機会均等法の世代が50代を迎えて、**それまで男性のみの問題だった出世や定年に悩む女性が増えた**ものの、「40代以上のキャリアプランや健康」「セカンドワークライフ」といった課題を解決する受け皿がなかったためです。そこで、「キャリアプランの実現のためにどのように身体に向き合うべきか」といった啓蒙活動をしてきました。

そこでのテーマは、年を取るとメイクもどうしたらいいか難しくなるため「50代からの失敗しない化粧品選び」や、50代以降の女性が知りたい相続などの「法律的知識」、「いくつになっても宝塚の男役のように颯爽と歩くためのプラクティス」や「歯のアンチエイジング」など、50代以上の女性がウェルビーイングな人生を送るために必要な知恵や人脈を広げるきっかけになればと、このネットワークを立ち上げました。

対象者は年々増えています。会社を勤め上げ、定年退職後にセカンドライフをはじめるといったキャリアは男性だけの問題として捉えられてきましたが、女性たちも同様な問題に直面しています。

どちらかというと男性は組織を辞めてしまうと元気がなくなってしまい、女性のほうが趣味や人脈を広げるのがうまく、いきいきとしている方が多い印象があります。

◆「日本女性ウェルビーイング学会」に参加する団体

ネットワークを立ち上げたあと、2017年に日本女性ウェルビーイング学会に参加しました。この学会は「**様々な団体がつながることで社会がもっとよくなる**」を合言葉に、プラットフォームの役割を果たしています。年に一度の総会のほか、セミナーやホームページ、SNSなどを通じた情報発信、政治への働きかけ等、いろいろな団体が力を合わせることで女性のウェルビーイングのための取り組みをしていこうという組織です。

現在、**日本女性ウェルビーイング学会には26団体と22個人が参加**しています。それぞれの活動内容はまさに、**〝ゆりかごから終活、墓場まで〟と言っていいほど、「人生100年時代のウェルビーイング」に関するもの**です。その中で、ウェルビーイングに関する団体会員の一部を紹介したいと思います。

「**NPO法人ちぇぶら**」は、英語の「更年期」にあたる「ザ チェンジ オブ ライフ」にちなんで名付けられました。更年期には体調の変化など困難が伴いますが、逆に「更年期はチャンス」と前向きに捉え、人生を乗りきっていこうという考え方のもと活動しています。閉経についても、「これからは生理のめんどうなことにとらわれなくて済むんだ」と前向きに捉えて「閉経記念日」を提唱しています。女性たちの共感を呼び、更年期に特化した「ちぇぶら体操」やインストラクターの養成など、幅広い取り組みをしています。代表の永田京子さんはカルピスのCMに出演したり、雑誌などでもかなり取り上げられています。「閉経は女性としての終わりを意味するのではなく、生理から解放される記念日」だという捉え方は私もその通りだと思います。

働く女性の生理の課題ですが、女性は子どもを産むように身体の仕組みができています。昔は5人や6人、7人とたくさんの子どもを産んでいましたから、妊娠してから授乳期が終わるまで、生理がない期間も長くありました。6人子どもを産んだら20年近く生理がない計算です。そのまま40代を迎えても、生理の回数が少ないため子宮の負担が軽く、重い更年期も少なかったと聞いています。今は出産を選択しない人もいますし、産んでも1人か2人が多いため生理が非常に重くなっています。

次に、**「日本腸もみ健康法協会」**は腸活によって健康寿命を延ばす活動をしている団体です。今でこそ、腸が免疫に非常に深く関わっていることが科学的にも実証されていますが、代表の砂沢佚枝さんは今から15年以上前に腸の働きに注目し、『1日3分　腸もみ健康法』（講談社＋α新書）という本を出版して当時ベストセラーになりました。今もインストラクターの養成や腸に特化したマッサージ、食事指導、健康食品・マッサージ機等の開発などを行なっています。

次も腸に関する団体ですが、「**日本腸ケア看護研究会&コロンハイドセラピー**」は、看護師のエンパワーメントの推進と腸活ケアを通じて健康寿命を延ばすことによって、ウェルビーイングの実現を支援しています。代表の齊藤早苗さんのコロンハイドセラピーはSNSでも話題になっています。

「**一般社団法人シンクパール**」は子宮頸がんなど女性の健康に対する啓発を行なう団体です。女性特有の身体の変化やリスクを社会全体で考え行動する人や企業のプラットフォーム「女性からだ会議®」を年に1回開いて啓発活動をするほか、学校で行なわれている「がん教育」の現場支援、企業の「健康経営」の推進のお手伝い等をしています。

「**NPO法人女性医療ネットワーク　マンマチアー委員会**」は、エビデンスある正しい乳がんの知識を知ってもらいたいと、14年間、毎月セミナー活動を無料で開催し、150回を超えます。セミナーの内容は、乳がん検診、治療、薬物療法の副作用、リンパ浮腫、乳房再建、がんと仕事、アピアランスケア（がんやがん治療の過程で生じた外見の変化による苦痛を和らげるケア）など。正しく乳がん検診を受け、乳がんで苦しむ人を減らしたいという思いを込めて活動しています。

「**NPO法人みんなの漢方®**」は、未病と不調対策に役立つ漢方医療の正しい知識を啓発しています。

「**NPO法人 Blossom for All**」は、「発酵」をテーマにセミナー合宿を開いたり、まさに女性の心と身体の健康と社会的なウェルビーイングのための知識を身につけてもらう活動をしています。

「**一般社団法人セルフケア・ネットワーク**」は大事な人を亡くした人に寄り添うグリーフケアの活動や社会参加したい人をサポートするセカンドライフサポート事業など、高齢者のウェルビーイングをサポートする事業に特化した団体です。高齢の女性に「オシャレを楽しんでもらうスカーフの結び方の教室」も開催しているのですが、参加者の皆さんの表情が明るくなっているのを感じます。「やはり女性はいくつになってもオシャレをしたいんだ」ということがわかる活動です。

◆アンケートから見えてきたウェルビーイングへの認知と意識

先月（2022年5月）、関係者と知り合いの人たちを対象に、一般社団法人シンクパールの協力を得て、あるアンケート調査を実施しました。

対象者の年齢層はどうしても活動団体と周囲の人たちが多いため、50~60代が多く、40代、30代がそれに続く状況です。女性が8割で男性にもあえて答えていただきました。職業は4割が経営者、自営業などの事業主で、医療関係者や会社員が続きます。

まず、**「ウェルビーイングという言葉についてどの程度知っていますか？」**と質問しました。「初めて聞いた」が17％、「聞いたことはあるけれども意味がよくわからない」が18％で、合わせると3人に1人がウェルビーイングの意味を知らないという結果でした。残念ながら、学会や関係者以外にはまだあまりウェルビーイングが浸透していないことを意味しています。

日本のウェルビーイングの指標として、**内閣府が発表している「満足度・生活の質を表す指標群（Well-beingダッシュボード）」**があります。「これを知っていますか？」という質問に対しては「知っている」と答えた人が1割強しかいませんでした。指標内容は内閣府のホームページで公開されていますが、家計と資産、雇用環境と賃金、住宅、仕事と生活（ワークライフバランス）、健康状態、社会とのつながり等に関連した33の項目が示されています。ただし、残念ながら見たからと言って自分のウェルビーイングがどの程度かがわかる指標ではありません。

次に、**「ウェルビーイングに大きく影響を与えているものは何か？」**を聞いたところ、健康状態が最も多く、次に仕事と生活、いわゆる「ワークライフバランス」が続き、友人、家族とのつながりや生活の楽しさ、趣味などが上位を占めています。

「あなたにとってのウェルビーイングをひと言で言うとなんですか？」という質問については、「心と身体が幸せを感じる状態」「元気度」「持続可能な幸福」、人生における様々な苦しみに直面した時に自分自身への思いやりを実践する「セルフコンパッション」、そのほか「生きがい」などの回答が寄せられました。やはり幸せや健康、豊かさ、自己実現に関する言葉がキーワードとなっています。

次に、**「ウェルビーイングに関連して具体的に取り組んでいること」**について聞きました。回答は「更年期のサポート」や「演劇を通じたがんの啓発活動」「亡くなった人の思い出を残す事業をしている」「フィットネス」「ボランティア等に焦点を当てたミセスコンテストを開催している」「職場のウェルビーイングの市場の開発をしている」といったような健康とか情報発信、つながりに関連するものが多く見られました。

最後に、**「ウェルビーイングに関連して、こんな制度やサービスがあったらいいな」**という質問については、何かを改善するサービスというものは非常にニーズが高いことがわかりました。これについては、具体的な回答をいくつか並べてみました。

まず「誰でもアクセスできるウェルビーイングを測る指標」や「ウェルビーイングに親しみを持てるような愛称みたいなものがあったらいいのではないか」という意見がありました。これは今後、社会にウェルビーイングという考え方が根付くかどうかの大きなカギを握っていると思います。

2020年から世界160カ国のウェルビーイングを測定している「グローバルウェルビーイング」には、「Positive Emotion（ポジティブな感情）」「Engagement（エンゲージメント）」「Relationship（人間関係）」「Meaning（意味）」「Accomplishment（達成感）」の頭文字を取った「PERMA」という指標はありますが、日本ではなじみがありません。今後、日本社会にウェルビーイングが浸透するには、日本人が理解しやすい指標の確立が非常に必要ではないかと思っています。

次に、気分があがる「健康食品」などの健康寿命関連、未病の段階での相談窓口があげられました。中でも「未病」が非常に重要で、健康意識の高まりとともに、病気になる前の段階で受けられるサービスへの関心が非常に高まっています。クリニックでも、未病の段階からサービスを受けられるサロンとクリニックを併設した施設のニーズが高まるのではないでしょうか。それから、スウェーデンが発祥の「ユースクリニック」のように、若者が性に関することや望まない妊娠、生理など何でも相談できるクリニックがあります。「こうしたものが日本でも必要なのではないか」という意見も出ました。

さらに、「女性のホルモン外来」や「趣味や関心事、地域でリアルにつながれるサイトやコミュニティ」があったらいいなという声もたくさんありました。

「中高年向けの女性の遊びの情報サービス」「長期滞在できるペット可の施設」や「グルテンフリー」「サットサン（サンスクリット語で「真実を探求する仲間」）」「マインドフルネス」なども、もっと身近にあるといいなという意見もありました。また女性の場合、「女性への偏見の解消」「主婦の社会参加を促す人材センター」「子育てや家事のピンチヒッター」があったらいいなという声もありました。

いずれにしても、世界的研究では、「**所得の不平等よりも生活満足の不平等のほうが幸福度に影響を及ぼす**」と言われています。サービス・商品開発の上で、ひとつの視点になれば幸いです。

◆ウェルビーイングを達成するために必要なもの

実際にウェルビーイングにつながるポイントとして、私はある種の「パラダイムシフト」が必要だと思っています。男女別や年齢別、職業別といった既存のカテゴリーにとらわれないことも非常に重要です。

人との関係性も、リーダーとフォロワーのピラミッド型組織ではなく、共通の体験や思いを通じたフラットな関係が理想です。**つながりによって格差をつくらない。**この考え方がウェルビーイングにとっては重要ではないかと考えています。

最近のウェルビーイングの傾向としては、ダイバーシティや働き方改革、健康経営が注目されています。最近では「ウェルビーイング経営」という言葉を使っている会社や、組織に「ウェルビーイング推進部」を設立した会社もあると聞きました。

SDGsの浸透と、新型コロナウイルスによる社会や意識の変化もそうです。これまではどちらかと言えば「気候変動」など、環境問題に重きが置かれてきましたが、新型コロナウイルスによって脆弱な社会ほど感染率が高いことがわかり、**社会のあり方そのものにスポットが当たっています。**また、やはり「働く女性の増加」もウェルビーイングを考える上での重要なポイントです。

社会的なウェルビーイングの重要性についてですが、ウェルビーイングから派生した考え方として「キャリアウェルビーイング」「フィジカルウェルビーイング」「ソーシャルウェルビーイング」「フィナンシャルウェルビーイング」「コミュニティウェルビーイング」などがあります。いずれにしても**根底にあるのは「健康」の重要性**です。まずは健康な状態があり、その先に社会的にもウェルビーイングの状態であることが大切です。

このほかにも、最近はGoogleが提唱する「**デジタルウェルビーイング**」もあります。これは、過度なネットへの依存がウェルビーイングを脅かしているという考えで、デジタルデトックスも重要なウェルビーイングの要素と考えられています。

◆ウェルビーイングは多様性を認めること

これまでウェルビーイングは、男女別や年齢別、職業別などのカテゴリーで分類されがちでした。しかし、ウェルビーイングの本質的な達成を目指す場合、そのようなカテゴリーでは捉えられないのではと考えています。最後に、いくつかの事例をお話しします。

まず「男女別」についてですが、前提として医療や健康診断、女性ホルモン、生理の問題等、男女の違いがありますので、これについてはやはり徹底的に男女の違いに即した考え方やサービス・制度が必要だと思っています。ですから、女性医療や生理の問題もそうですが、今後、更年期や女性ホルモン、フェムテックの重要性が今まで以上に増してくると思っています。

一方で、美容や健康、衣料は男女別で細分化が進みすぎているのではと思います。「女性＝色がきれいで派手なもの」や、「男性＝地味で落ち着いたもの」というような決めつけによって、個々人の

ウェルビーイングが脅かされているケースをよく目にします

最近印象に残った事例をあげると、**ジェンダーフリーのスキンケアアイテム**「ＩＲＯＩＫＵ」（三省製薬株式会社）が発売されました。美容液のチラシに男性と女性の写真が出ているだけでも新鮮ですが、この商品はジェンダーフリーで男女兼用です。しかも、美容液としての機能もありながら、カラーを選べて顔色がよく見えるような効果も期待できる新発想の美容液です。

チラシを読んでみると、「サッとひと塗りするだけで、自然な肌色に整えながら、三省製薬ならではの美容成分が健やかな肌へと導きます。性別や年齢を問わないため、男性にもお使いいただきやすいアイテム」「男女兼用だからバレンタインギフトにぴったり！」「クリーンな処方で肌や環境へ配慮した合成色素フリー、合成香料フリー、パラベンフリー、紫外線吸収剤フリー、動物実験フリー」と。今、世の中で化粧品に求められていることをすべてクリアしています。

さらに、私が「なるほど」と思った点は、男性の場合も最近ウェブ会議が多いので、この美容液を使うことによって顔色がよく見え、自信を持ってプレゼンできるシーンも期待できることです。女性の場合は美容液をつけることで肌の乾燥を防ぎながら、これを塗るだけで顔が明るくなるなどもうたわれています。

「ジェンダーフリーの化粧品」という考え方が面白いなと思ったので紹介させていただきました。

私はまもなく65歳になりますが、年齢を重ねると今まで感じなかった**「高齢の女性はこうである」といった決めつけ**に気付くようになりました。「おばあさんの好みはこうじゃないか」や「高齢の女性の好みはこれでは」などです。

量販店にはよくお年寄り向けのコーナーがありますが、グレーなどの地味な色とか小花柄、ゆったりとしたブラウスやスラックスが並んでいます。反対にユニクロなどは色とかサイズが年齢に関係なく選べるので、10代でも80代でも同じデザインのフリースやTシャツを着ることができます。

また靴に関しても、高齢の方には幅広でヒールが低い靴が好まれるようで、店に並ぶのもそういったデザインが圧倒的に多数です。でも、私のまわりには筋トレをして、いくつになってもハイヒールを履きたい女性もたくさんいます。今は60歳でも65歳でも男性と同じように働き、それなりの貯えがあって社会的スキルを身につけた女性がどんどん増えています。「高齢者」とひとくくりにせず、趣味や嗜好の多様性を汲み取って、本当の意味でのウェルビーイングが考えられればと思います。

ただし、地味な色を好み、楽な靴を履きたい人を否定するわけではありません。**多様性を認めることがウェルビーイングの考え方の根底にある**と思います。

これまで、様々な調査結果や私の周囲の方々の活動を見てきて、**やはり「幸せな人ほど生産性が高い」**と感じます。**学術的にも長生きをする**という調査結果もあります。**「こうあるべきだ」といった思い込みを捨てて、なりたい自分になることがウェルビーイングであり、幸福な状態も長く続く**のではないでしょうか。

ウェルビーイングは他人との比較ではなく、あくまでも自分の中の指標です。他人と比べるのではなく、自分が快適、幸せと感じる状態は何かを考えることが非常に重要だと思っています。

◆ウェルビーイングは決めつけることではない

男性女性に限らず、悩みにはいろいろな思い込みがあります。ひとつだけ私のエピソードをご紹介しますと、私は小さい頃から、西洋人形をつくることが夢でした。これまで忙しかったので教室に通うことはできなかったのですが、ようやく少し時間ができて教室に通いはじめました。皆さんはどういう人が人形教室に来ていると思いますか？

私は、基本的には年齢層の高い女性ばかりかと思っていました。入ってみると、もちろん女性の割合が高いのですが、実は男性の生徒さんも結構います。「皆さん何をつくりに来ているのだろう？」と見ると、男性も女性も、若い人たちはフィギュアをつくりに来ているのです。

手足や胴体をつくる作業は、フィギュアも人形も同じです。それをどういう形にするか、何をつくるかが違うだけなのです。教室では、いわゆるオタク的な若い生徒さんが、私たちのようなおばさんたちと一緒に人形をつくりながらコミュニケーションしています。自分は思い込みが激しくないだろうと思っていましたが、やはり無意識に決めつけていたことを反省しました。

ウェルビーイングはある意味つかみどころがないようにも見えるかもしれませんが、実にいろいろな領域を網羅する考え方です。先ほども申し上げたように、わかりやすい指標ができて、誰もが自分のウェルビーイングな状況を理解して意識できる社会になれば、商品開発もトレンドも、もっと社会に浸透しやすくなるのではと思っています。

PART 3

ヘルスリテラシーの向上が働く女性と企業経営に好循環を生み出す

PART 3

セッションを通しての視点・活用のポイント

PROFILE

永田潤子　大阪公立大学大学院都市経営研究科　教授

就業人口の減少や共働き世帯の増加から、職場における女性の存在感は日々高まっています。また、２０２２年4月1日から女性活躍推進法に基づく行動計画の策定・届出、情報公表が、従業員１０１人以上３００人以下の中小企業にも義務化され、女性が活躍しやすい基盤をつくることが求められています。さらに、「第5次男女共同参画基本計画～すべての女性が輝く令和の社会へ～（令和2年12月25日閣議決定）」では、「２０３０年代には、誰もが性別を意識することなく活躍でき、指導的地位にある人々の性別に偏りがないような社会となることを目指す」と明記されています。

そのためには何が有効なのかを、以下の視点を参考にヒントを見つけてください。

◆女性のキャリアの変化は身体が目まぐるしく変わる時期と重なる

女性の健康課題は、単純に年齢とホルモンだけに左右されるわけではなく、職業、働き方、出産の有無、介護の有無などの要素が複雑に絡み合っていますが、やはりホルモンの変化は働くことと密接に結びついています。

特に、キャリア形成とあわせて考えてみると、会社の規模、業界等によって、管理職になる年齢に違いはありますが、厚生労働省が２０２２年に発表した「令和3年賃金構造基本統計調査」によると、**課長職の平均年齢は、男性48・7歳、女性49・0歳**であり、昇進の年齢と平均年齢を考えると、30代～40代で課長職に昇進したあと、男女ともに課長職を続けている人が多いと考えられます。女性にとって30代～40代は結婚・妊娠・出産を機にライフコースが目まぐるしく変化する時期（出産の有無によって健康課題は違いはある）であり、さらに45歳～55歳は更年期となります。つまり、**仕事上の役職の変化と身体の変化が重なっている**のです。女性の身体の変化による健康課題に向き合うことが、女性のキャリア支援と深く関係しています。

◆「個人」「職場」のダブルの組み合わせで、何に取り組めばよいかを考える

健康をつくる「ヘルスプロモーション（人々が自らの健康をコントロールし、改善することができるようにするプロセス（ＷＨＯ））」では、健康的な生活を送るための技術や能力を高めることを個人だけに求めるのではなく、それを支援する環境を社会的、経済的、政治的につくり出すことの

ヘルスプロモーションの概念図

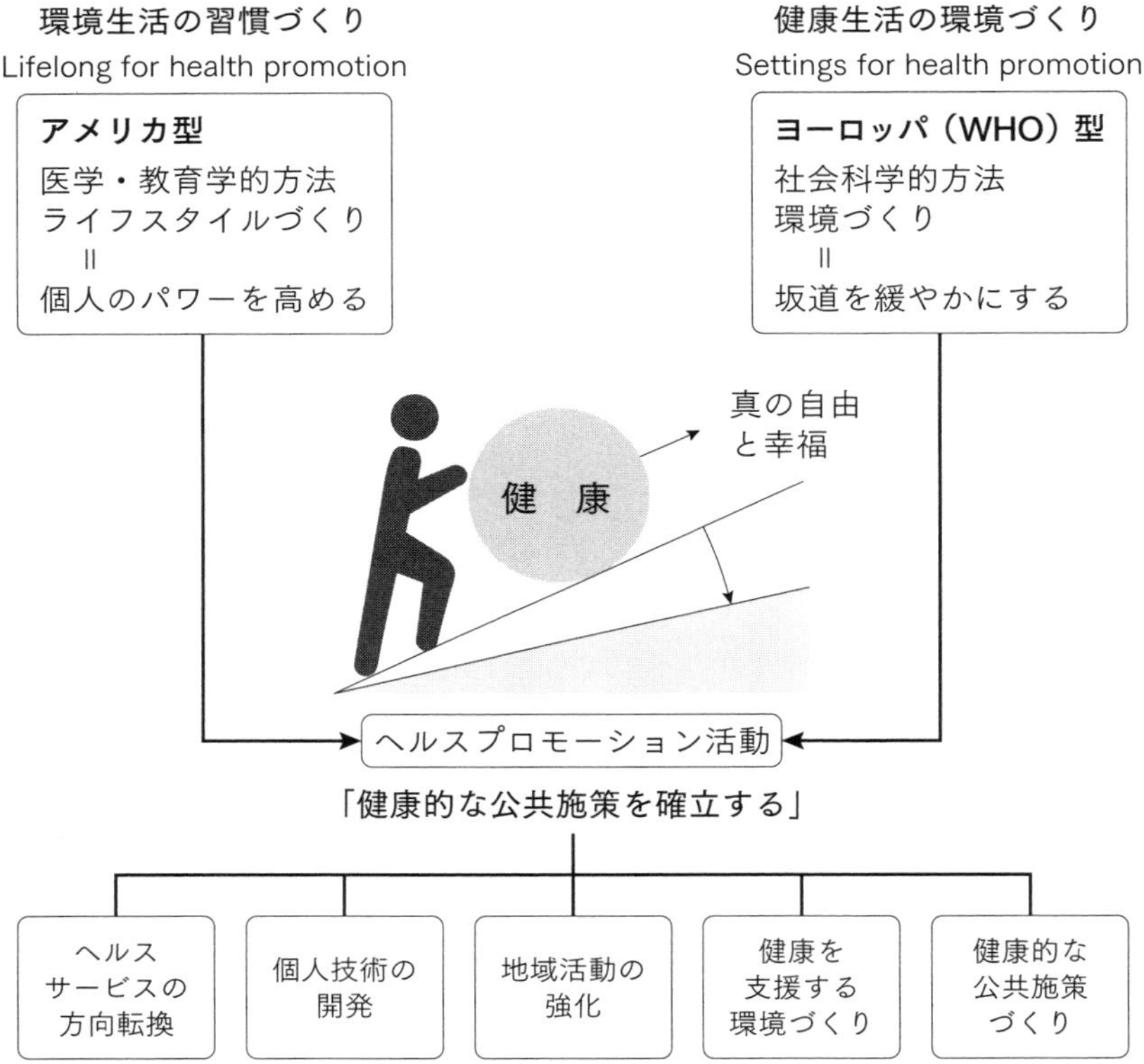

出所：島内憲夫1987年／島内憲夫・高村美奈子2011年（改編）／島内憲夫・鈴木美奈子2018・2019年（改編）

重要性が強調されています。

例えば、残業が多い、体調不良でも休めない・休みづらいなど、個人の努力では対処が難しい要因にも影響されてしまうため、個人に任せるだけでは、健康的な生活習慣や環境をつくり維持することは困難です。

そこで、**「個人への働きかけ」とそれを「支援する環境（職場、社会など）の整備」の両方をあわせて行なう**ことが、健康増進の世界的な流れとなっています。そのための取り組みとしては、まずは、**「女性の健康に関するリテラシーを向上させること」**が大切であり、働く女性自身だけではなく、男性従業員や管理職をはじめ、女性の健康（不調・疾病等）をテーマとした研修・セミナーを職場で開催することなどがあげられます。

次に、**「働く女性が不調等について相談することや、管理職が部下への対処法を相談できる窓口の設置」**です。相談窓口として外部ＥＡＰサービス（従業員のメンタル不調支援）を活用する例も増えています。

加えて、リモートワークの導入や休暇制度等を整備するといった**「女性が働きやすい環境の構築」**も必要であり、これは男性社員にとっても働きやすい環境整備になります。

本セッションでお話しくださっている企業の取り組みは、個人と環境づくりの掛け算で効果を生み出しています。

◆女性の健康決定力（ヘルスリテラシーの向上）は女性のエンパワーメントを醸成する

女性のキャリア形成、特に管理職の育成では、**エンパワーメント（力や自信を与えること）**が大事になります。ウェルビーイングを左右するヘルスリテラシーに関して、興味深い調査結果があります。ヘルスリテラシーが高い人は、「仕事への満足度」「自己の目標の達成度」「働く喜び度」「自己決定感」の4つの項目が、ヘルスリテラシーが低い人と比べて20〜25ポイント高いという結果です。また、女性特有の症状があっても、**ヘルスリテラシーを身につけることで、「仕事への満足度」「働く喜び度」が高められる可能性がある**ことも示されています（「女性の働き方とヘルスリテラシーに関する調査ｖｏｌ・２」パーソルキャリア株式会社　２０２２年）。

ヘルスリテラシーとは、健康に関する知識や情報を資源として、自分の健康に関する意思決定や行動をコントロールできること。ストレスや困難な状況に直面しても、他者から支援を求めることも含め、資源を活用してうまくコントロールできることを言います。

これは健康に関する①幅広い知識を持つことで、②ヘルスリテラシーを向上させ、③その課題解決の中で他者との関わり方を学習し、④実践による経験を積むことによってさらなる知識が身につく、という体験のサイクルであり、エンパワーメント醸成そのものです。ですので、女性のヘルスリテラシーを高めることは、単に健康に関する知識を学ぶという意味だけではなく、女性リーダーの育成・キャリア形成の点からもとても有効です。

◆健康経営（企業目線）とウェルビーイング経営（社員目線）の両方から見ると、より深く課題が描ける

経済産業省の定義では、**健康経営とは「従業員等の健康管理を経営的な視点で考え、戦略的に実践すること」**です。企業理念に基づき、社員等への健康投資を行なうことは、社員の活力向上や生産性向上等の組織の活性化をもたらし、結果的に業績向上や株価向上につながることが期待され、日本再興戦略、未来投資戦略に位置付けられた「国民の健康寿命の延伸」に関する取り組みのひとつです。

一方、**「ウェルビーイング（社会的にも満たされた良好な状態）経営」とは、生活習慣病やメンタルヘルス不全といった健康面の予防だけでなく、社員が安心して働ける（衛生状態やハラスメントがないなど）、一人ひとりがやりがいを持っていきいきと働くことを目指す経営**です。

この2つの違いは視点の違いです。「ウェルビーイング経営」が社員の目線であるのに対して、「健康経営」は企業の目線です。健康とは「身体」「精神」「社会」における3つの力と資源が調和したものであり、経営としてみれば、企業は、①社員の体調管理や病気の予防、健康の支援をするだけではなく、体調を崩しても自らがうまく対処する意思決定ができるように支援すること、②働くことを通して人生の意味を見い出し、幸せを感じられるような仕事や職場づくり、③問題や課題に直面している社員を孤立させず、互いに協力し、喜び合える企業と社員、社員同士の信頼関係をつ

くることがポイントです。

この「健康経営」、「ウェルビーイング経営」は、一人ひとりがやりがいを持って仕事に向き合う、幸福度を高めることも視野に入れています。

最近の研究では、「幸福と生産性には相関関係がある」と実証されていて、前述した①～③の観点に加え、個々人のキャリア形成へのきめ細かな取り組みは社員の幸福度を向上させます。そういった視点からも、企業の取り組みの必要性を実例として読み進めてください。

また、企業の取り組みを支援するサービスや商品のヒントも見つけてください。

働く女性のヘルスリテラシーと労働生産性

2021年10月20日 講演

PROFILE

今村優子　日本医療政策機構　マネージャー（講演時。現在はフェローとして参画）
総合周産期母子医療センター愛育病院等で約10年助産師として勤務後、妊娠や出産に関する国レベルの政策策定を学ぶためイギリスへ留学。公衆衛生学修士課程修了。2017年に日本医療政策機構に参画。2023年6月より株式会社リンケージ FEMCLE Director。日本助産師会国際委員会委員、医療系ベンチャー企業顧問。

はじめに日本医療政策機構についてご紹介します。当機構は、設立当初より「**市民主体の医療政策を実現すべく、独立したシンクタンクとして、幅広いステークホルダーを結集し、社会に政策の選択肢を提供すること**」をミッションに掲げ、さらに「特定の政党、団体の立場にとらわれず、独立性を堅持する」との行動指針に基づき活動を行なって参りました。政治的な中立性はもちろんのこと、あらゆる団体からの独立性を堅持し活動を展開しております。

具体的には、認知症や薬剤耐性（AMR：Antimicrobial Resistance）、ワクチンのほかにも、がんや糖尿病といった非感染性疾患など、様々な医療政策に関するプロジェクトに取り組んでおりますが、その中のひとつに**「女性の健康のプロジェクト」**があります。このプロジェクトでは、これまで2年に1度くらいのペースで大規模な調査を実施してまいりました。

2018年に実施した**「働く女性の健康増進調査2018」**では特に社会にインパクトを出すことができました。「健康経営銘柄」という経済産業省と東京証券取引所が協働で健康経営に取り組んでいる上場企業を選定・公表する取り組みが開始された当初は、選定要件の中に女性の健康に関する項目が含まれていませんでした。当機構が実施した本調査の結果によって、女性の健康に関するヘルスリテラシーと労働生産性に関連が認められたため、「女性の健康保持・増進に向けた取り組み」という項目が追加されたという経緯があります。

また、令和2年度の診療報酬改定において、器質性月経困難症を有する患者さんにホルモン剤を投与するケースに対して、婦人科医または産婦人科医が、治療計画を作成し、永続的な医学管理を行なった場合に算定する「婦人科特定疾患治療管理料」が新設された際にも、本調査結果が後押しになりました。

このように市民の声、実態を集め、世論を喚起し、市民主体の医療政策の実現に向けて日々取り組んでおります。

◆「働く女性の健康増進調査2018」から見えた現状

では、具体的に「働く女性の健康増進調査2018」の結果を使いながら、女性の健康課題を説明していきたいと思います。

まず、本調査を行なった背景ですが、2015年、女性活躍推進法が制定され、社会も国も女性の活躍を推進するようになりました。しかしその一方で、女性の健康に関する支援がまだ十分ではないのではないか、その実態について調査しなければならないとの思いから調査を企画しました。

その中で、**「女性のヘルスリテラシーは健康行動や労働生産性と関連性があるのでは？」という仮説を持って調査**していきました。

「ヘルスリテラシー」という言葉にはいろいろな定義がありますが、今回の調査では、**女性たちが健康を促進・維持するために、「必要な情報へアクセスできる能力」「情報を理解する能力」「それを活用できる能力」**の3つと定義付けています。これには河田志帆先生らが作成した「性成熟期女性のヘルスリテラシー尺度」を用いています。設問は21問あり、すべて「あてはまる」「ややあてはまる」「あまりあてはまらない」「あてはまらない」から選んでいただく形で回答してもらいました。設問内容は、「女性の健康情報の選択と実践」や「月経に関するセルフケア」「女性の体に関する知識」「パートナーとの性相談」の4つの因子で構成されています。

調査は働く女性2000名を対象にインターネット上で実施しました。なお、この2000名は全国の人口動態に合わせて回収しています。また、女性たちの労働生産性を比較するため、今回はフルタイムの女性に限定し、さらにヘルスリテラシーに関する調査なので医療関係者は除外しています。女性たちの実態をこのような形で調査したケースは初めてとのことで、多くのメディアや学術的な発表の機会でも本調査の結果を取り上げていただきました。

調査の中で、「元気な時の仕事のパフォーマンスを10点とした時、月経前症候群(PMS：Premenstrual Syndrome)や月経中の仕事のパフォーマンスはどのように変化しますか?」という質問を設けました。すると、**元気な時と同程度の10点、9点、8点と回答した方は全体のおよそ4分の1にとどまりました。**程度に差はありますが、これだけ多くの女性たちがパフォーマンスが下がると感じつつも、なんとか仕事をしているというような実態が明らかになりました。

特に、**半分の5点以下になる人が約半数いた**ことに驚きました。産婦人科の先生によっては、「半分ではなく7点以下ぐらいの人は、婦人科に行ったほうがいい」とおっしゃる方もいます。毎月起こるPMSや月経によって、これだけ多くの女性がパフォーマンスが下がっていると感じつつも、なんとか頑張って無理をしながら働き続けているというような実態が、まず明らかになった調査結果です。

また、これらの状況に対して何か解決策のカギとなるものはないかと、回答者2000名をヘルスリテラシーの中央値を基軸に高い群と低い群に分類しました。すると、**ヘルスリテラシーが高い群のほうが、PMSや月経時で労働生産性は下がるものの高くキープできている**という結果となりました。統計学的にも有意差が出たことで、このヘルスリテラシーの高さが解決へのカギになるのでは考えています。

さらに、ヘルスリテラシーの設問の中で、どの因子が労働生産性に一番強い影響を及ぼしているかについて分析したところ、やはり一番高かったのが「女性の体に関する知識」でした。つまり、まず女性たちが身体に関する知識を得ることで、健康行動や労働生産性にもプラスの影響が出るのではないかという結果が出ています。

また、女性の健康に関する情報について、「もっと若い頃から知っておきたかった」という声も多く聞かれました。「学校教育の場において特に何を知りたかったか」という問いに対して「特にない」と回答した人は1割ほどに留まりました。それ以外の9割の方々は、女性の健康に関する情報についてもっと知りたかったと回答し、特に「女性に多い病気の仕組みや予防・検診・治療の方法やどのような時に医療機関へ行くべきかについて聞きたかった」という意見が多かったです。学校教育の充実ももちろん大事ですが、社会人になってからも企業で知識を継続的に提供することが重要ではないかと考えています。

「婦人科・産婦人科に行くべきだと思ったが、行かなかった経験はありますか?」という質問では、4割の方が該当すると回答しています。理由については、「症状はあるけれども、そこまで重大な病気ではないと思った」という回答が最多で、次に「病院の診療時間内に行くことが難しかった」が続きました。これらは企業の協力で改善できることではないかと思います。この点は、ヘルスリテラシーの高さ・低さ問わず同じ回答結果でした。

このような結果から、受診を必要とする人を適切な機関につなげられるような仕組みづくりが必要なのではないかという提言を政府や企業にしています。

それから、婦人科・産婦人科を定期受診している方が2000名中639名いらっしゃいました。定期受診のきっかけになった情報源を尋ねると、一番多くあげられた回答が「会社の健康診断に行った時に定期受診をすすめられた」でした。やはり企業の後押しというのはとても大きいと考えます。

◆アンケート結果から導き出した提言

ここまでの主な調査結果を踏まえて、ここから4つの提言をさせていただきます。

1つ目は「**従業員のライフステージごとに必要な知識を提供する研修等の実施**」です。2つ目は「**ヘルスリテラシー向上につながる相談体制の整備**」。3つ目は「**企業の健康診断で婦人科の検診項目等の必要な項目を追加すること**」。4つ目が「**短時間でも利用ができる柔軟な有給休暇制度の整備**」です。

調査結果からも、女性の健康に関するヘルスリテラシーは労働生産性にも大きく影響していることがわかりました。一人ひとりがヘルスリテラシーを向上させるためには企業側の支援が必要です。企業においても、従業員の体制整備の重要性を理解し、適切な研修等を行なうことが大切だと1つ目の提言に盛り込みました。

今回の講演ではＰＭＳや月経のある期間の労働生産性とヘルスリテラシーの関係性にフォーカスしてお話ししました。「働く女性の健康増進調査２０１８」の中では、更年期についても調査したのですが、更年期に関しても、多くの女性たちが仕事のパフォーマンスが下がると感じつつも仕事をしているというような状況でした。一方で、ヘルスリテラシーが高い人たちのほうが、仕事のパフォーマンスを高く維持できていました。ですから、年代を問わず、ヘルスリテラシー向上につながる研修を定期的に組み込んでいただけると幸いです。

2つ目の提言の背景として、9割以上の女性たちから「女性の健康に関して学びたい、情報を得たい」と回答がありました。定期的な研修は難しくても、従業員が知りたいタイミングで情報が得られる体制が整備されていくことを願っています。正しい健康情報が得られるウェブサイトの紹介や相談したいタイミングで相談できるような仕組み等を整備できたりするとなおよいのではないかと思います。

3つ目の提言は、「婦人科に行くべき時に行かなかった経験がある」人が4割いた点を踏まえています。婦人科の疾患は自覚症状がなくても進行するケースがあり、気付いた時には重症化している場合もあります。そのため、「症状はあるが重大な病気ではないだろう」という意識をまず変えられる仕組みづくりも必要であると考えています。最近では、定期健康診断に婦人科の検診項目を必須としている企業も増えていますが、婦人科の検診項目がオプションであるために積極的に受診できないという方もいます。また、月経痛がひどくても若い頃から我慢してきた結果、実は子宮内膜症が隠れていたというケースも少なくありません。

その点において政府への提言も重要ですが、企業側にも、できるようであれば健診で婦人科の検診項目を追加したり、女性特有の疾患を我慢せず受診できる仕組みづくりをしてほしいと思います。

最後になりますが、最近では短時間でも利用できる「**柔軟な有給休暇制度**」のニーズが非常に高まっています。この制度があることで病院の診療時間内に受診することができます。実際「時間休を利用できるのであれば受診したい」という声も多く聞かれました。柔軟な時間休やオンライン相談・診療を導入しやすい制度を整えられれば、医療を必要とする人が必要な機関につながれるのではないかと考えています。

今回の調査結果によって、「ヘルスリテラシーの高さと労働生産性の関連」には有意差が認められました。企業にはぜひ、従業員がヘルスリテラシーを向上できるよう理解と適切な支援が行なわれることを願っています。

人を基軸に置く経営と社会的健康に向けた取り組みについて

PROFILE

池田久美子
ダイキン工業株式会社　人事本部　ダイバーシティ推進グループ　ダイバーシティ専任部長
1985年ダイキン工業入社。人事部に配属。以降、社内報制作、評価・報酬業務、人事・処遇制度改革プロジェクトの立案・実行、女性活躍をはじめとしたダイバーシティ推進などを担当。中でも女性活躍推進は25年にわたって担当し、ライフワークとなっている。

2021年11月2日　講演

まずはダイキン工業の紹介をさせていただきます。弊社は3年後の2024年に創業100周年を迎える空調メーカーです。売上の9割を空調事業が占めていますが、フッ素化学や油圧機器などの製造・販売も行なっています。現在、世界150カ国でグローバルに事業を展開しており、グループ連結では売上高の77%が海外の売上です。従業員を見ても8万5000人のうち8割が日本以外の国籍と、多様性に富んだ組織となっています（本項、ダイキン工業に関する数字は2021

年の講演時のもの)。

女性活躍推進については、ダイバーシティ・マネジメントの一環として取り組んできました。まず、ダイバーシティの考え方について少し触れると、**当社のダイバーシティの原点には「人を基軸におく経営」という考え方**があります。これは創業以来、ダイキンの長い歴史の中で脈々と培われてきた暗黙知、企業文化のようなものです。言い換えると、**企業の競争力の源泉は「人」であり、「人の持つ無限の可能性を信じる」「従業員一人ひとりの成長の総和が企業の発展の基盤」**だという考え方で、私たちは「人の持つ無限の可能性を信じる」という言葉をよく使います。多様な一人ひとりが持つ個性や能力を最大限に生かして組織の力を強めていくという考えが当社の土壌に流れています。

では、なぜダイバーシティに取り組むのか。新しい知恵や発想、イノベーションを起こすためです。決して福利厚生ではなく、経営施策の一環と考えています。**全体としては、ベテラン層・障がい者・外国籍社員・女性・LGBTなどの領域でそれぞれ取り組みを進めていますが、特に遅れていたのは女性への取り組みです。**2011年の年始式典で会長である井上が、「女性活躍推進に本気で取り組む」と宣言し、そこから直轄のプロジェクトが発足されました。

ワークライフバランスの取り組みに関しては、ダイバーシティを支える基盤としてとても大事な部分だと思っています。こちらは人事の労政チームが中心となって進めています。当社は、とにかく**働く時間や勤務形態に関する柔軟性がある会社**です。職場ごと・個人ごとにその仕事に最も適した勤務形態を選べるようになっていて、1年単位や3カ月単位の変形労働制、フレックス勤務、時差勤務などを職場で決めることができます。裁量労働制は2001年から採用し、一般社員の35％が適用されています。多くの社員が自己裁量の余地がある働き方を実現できていることは、ダイバーシティを推進する力強い支えになっていると感じます。有給休暇についても取りやすい組織風土が定着しており、有給休暇取得率は常に90％を超えています。

次に、女性活躍についてお話ししたいと思います。まず人員構成ですが、ダイキン工業単体の従業員8800人のうち女性は1500人、17％です。これでもかなり増やしてきました。20年前はわずか600人、女性比率は8・6％だったのです。そこからトップの判断のもと、とにかく女性の採用を強化しようと、毎年約300名の採用者のうち、女性を100名程度採用し続けた結果、ようやく製造業平均に近いところまで増やすことができました。ただ、女性管理職はまだまだ少ない状況です。管理職1200人のうち女性は75人、全体の6％にすぎません。

また、女性のうち子どもがいる人が4割います。弊社には結婚・出産で辞める社員はいません。

◆女性活躍推進の取り組み

取り組みとしては、2001年に総合職・一般職区分の廃止からはじめました。その後、育児と仕事の両立支援など、やれるところから着手し、本格的に展開しはじめたのが2011年です。プロジェクトを立ち上げ、3つの取り組み方針を定めました。

1つ目は、**「意欲・能力ある人材には、修羅場を与えて育てる」**こと。「修羅場」と言うと、きつく聞こえるかもしれませんが、わが社ではよく使われる言葉で、「修羅場でこそ、人が育つ」というポリシーがあります。男女ともに、競争社会で勝ち抜いていく覚悟を求める。そのために管理職・女性双方の意識改革を行ない、女性の母数も増やしていく。

2つ目は、「女性管理職の数値目標を設定して着実な登用を目指すが、数字合わせの登用は行わない」。今は過渡期で女性もまだまだ少ないため、**「育成は女性を優遇します。ただ、登用に関して下駄は履かせません」**ということを明確にうたっています。

3点目は**「男女の差は出産のみと捉え、出産・育児を乗り越えるための施策を思い切って打ち出す」**。男女で働く能力・意欲にもちろん性差はないものの、出産は女性のみが経験するので、そこを乗り越えることを最大限支援する。

あわせて、今は共働きが当たり前の時代ですから、女性だけではなく男性も育児に参画をしてもらうため、男性の育休取得・育児参画を促す。「性別にかかわらず育児にも参画し、お互いのキャリアを大事にしながら活躍してほしい」という考え方を打ち出しています。

◆「思い込み」「固定観念」からくる勘違いや不安がある

プロジェクトが本格的に稼働しはじめた10年前、「どうしてそれまで当社は女性活躍が進まなかったんだろう?」と、まずは社内の役員・管理職・女性にヒアリングをしました。そこで把握した課題は、「管理職のマネジメント」と「女性自身の意識」の2つです。

管理職側の課題は大きく分けて3つありました。1つ目は**性別による固定的な役割分担意識**がまだまだ根強いことです。さらに、自身の体験からの**思い込みや女性への遠慮・苦手意識**のようなものがありました。

例えば、「女性には専門的な仕事のほうが向いている」や「そもそも女性は管理職になりたがらないんじゃないか」という考えを持つ管理職もいました。

また、「叱ったら泣かれるから叱れない」といった本音も聞かれました。さらに、「女性をハードな修羅場に放り込むのは忍びない」や「出産後の女性は子育てが大変だから責任のある仕事は任せないでおこう」などの声もありました。

私たちはこれを「**優しさの勘違い**」と呼んでいます。このような無意識の先入観があると、女性への期待や、長い目で育成しようという意識が男性の部下に比べてどうしても希薄になってしまいます。

2つ目は、**職場は多忙なので「時間の制約なく働ける人のほうが使いやすい」**という管理職の本音です。育児休暇から復帰をした女性はどうしても時間に制約が出てしまいがちなので、そういう社員のマネジメントに慣れていないことがわかりました。

最後の3つ目は、「**総論賛成各論反対**」、女性活躍推進の必要性・メリットが腑に落ちていないということでした。

女性自身に関する課題は、「**短期思考**」や「**受身や甘えの姿勢**」などです。

また、「**自分の価値観に合うロールモデルが身近にいない**」「**将来どうやってキャリアを積んだらいいかわからない**」などの声や、「**結婚・出産後に今の仕事と育児を両立して働き続けられるだろうか**」という不安の声が若手女性から多くあがっていました。

女性の管理職自体もまだまだ少数ですので、「**管理職は限られた人がなれるもの**」「**自分はなれない」といった思い込み**があり、管理職・リーダーへのチャレンジに消極的になる傾向も見られます。

また、結婚による転居や配偶者の海外転勤に伴いやむを得ず退社する事例もあります。このようなケースは個別に対応しています。

先ほど、「男女の差は出産のみ」と言いましたが、社会環境によってつくられる差や女性の行動特性があるとも言われています。Meta（旧Facebook）元ＣＯＯのシェリル・サンドバーグ氏の著書『ＬＥＡＮ ＩＮ（リーン・イン）』（日本経済新聞出版）には、「女性は自分の能力を過小評価しがちである」と書かれています。これは「インポスター・シンドローム」（ペテン師症候群）と呼ばれ、女性の場合は仕事で成功しても、「それは自分の実力よりまわりが助けてくれたおかげだ」とか「たまたま環境がよかったからだ」と考える傾向があるそうです。

また、日本企業で働く女性には「スーパーママ神話」も根強いと感じます。例えば家事も育児も完璧を目指しすぎたり、「家事・育児は、女性、母親が主体となってやるべきだ」という先入観にがんじがらめになっているケースがよくあります。これらの状況を理解した上で、管理職・女性双方の意識改革を進めています。

女性が働く上では、**キャリアステージごとに様々な課題**が生まれます。

初期の頃は、「自分が目指したいロールモデルが近くにいない」や「出産・育児への不安」などが多く見られます。出産・育児休暇からの復帰後は、「思うように働けないという思い」や「育児に参画しないパートナーへの不満」、先ほど申し上げた「育児は母親が主体でやるべきという先入観」なども見受けられます。管理職を目指すステージになると、「自身への過小評価」や「自分はリーダーになれないだろう」という思い込み、家庭との両立への不安があると認識しています。

◆女性にも男性にも、管理職にも当事者になってもらう施策

これらの課題を踏まえて、数値目標を掲げ、いくつかの具体的な施策を実行しています。

1つ目に、**「女性管理職の育成加速」では、女性の管理職・リーダー候補者の育成研修を毎年実施し、若手女性にはキャリアを考える研修も実施**しています。それから、女性優秀層に対する個別育成計画や、ポストから管理職登用を進める仕掛けとしてのフィーダー（育成）ポジション、スポンサー制度・メンター制度なども用意しています。

2つ目に、**「男性の管理職・リーダーの意識改革」としては、講演会や研修を実施**してきました。最近では「総論賛成各論反対」で済ませないために、先ほどの女性リーダー研修の上司研修を実施したり、育児休暇復帰者セミナーに必ず上司を呼んだりと、とにかく上司を巻き込むようにしています。

3つ目に、**「仕事と子育ての両立支援」**については、特にこだわってきた部分でもあります。「単に子育てを支援するのではなく、**仕事と子育てを両立しながらキャリアアップして成長し続けていくための支援」「出産、育児をキャリアブレーキにしないための施策」**にこだわってきました。長期

にわたる育児休暇や短時間勤務は必ずしも本人のキャリアにプラスには働かないと考え、それらの期間延長は慎重に進めてきた会社です。

現在、育児休暇は法定どおり原則1年間で、保育園に入れない場合は最大2年間の延長可能に留めています。短時間勤務も小学校1年の年度末までです。10年もの間、短時間勤務を続けてしまうと、どうしても職場での役割や期待が固定化してしまうと思いますし、本人が望まないのに無意識のうちにマミートラックに乗ってしまうのではないかと懸念しています。できるだけ早く職場復帰して、なるべく早くフルタイム勤務に戻ってほしいと、いろいろな場面で働きかけています。

働き続けるための支援のひとつに「**育児支援カフェテリアプラン**」があります。これは、ベビーシッター利用の補助などもありますが、別居の母や親族に自宅に来てもらい、子どもの面倒を見てもらう際の交通費など、金銭的な負担を1人年間20万円まで会社が補助するものです。

また、保育園に入るのも非常に大変な状況のため、一人ひとりの保活をサポートする「保活コンシェルジュサービス」と、それを有効に活用するためのセミナーも開催しています。そのほか、育休を完全なブランクにしないために、大阪大学と連携して育休中に子どもを大阪大学の保育園に預けて、同大学の講義を聴講できるプログラムもはじめています。

最近ではキャリア意識の高い女性が増え、「早く復帰したい」という声も多く聞かれるようになりました。そこで、子どもが生後6カ月未満で職場復帰する社員を対象に、半日勤務や短時間フレックス制度を使えるようにしたり、先ほどの金銭補助を20万円から3倍の60万円に増額したりしています。コロナ禍では在宅勤務も一般的になりましたが、コロナ前から生後6カ月未満で復帰した社員は週4日まで在宅勤務をOKにするなど、足し算の支援をしてきました。

さらに、**男性の育児参画の支援**にも大きく舵を切っています。昨年1年間に子どもが生まれた男性の育休取得率は93％と高いですが、まだまだ日数は少なく平均13・3日です。ただ、一方で1カ月以上取得した人数も徐々にですが増えています。社内では、子どもが生まれた男性社員には本人と上司に「両立ハンドブック」を送り、「いつ育児休暇を取得するか」を確認するようにしていて、取得するまで追いかけます。そういった地道な働きかけが取得率の向上につながっていると思います。

ソフト面の施策としては、**育児休暇から復帰した社員を対象に「育児休暇復帰者セミナー」を開催**しています。昔は育休を取得した女性社員とその上司に参加してもらっていましたが、2年前からは、社内結婚の場合はパートナーにも、昨年からはパートナーの上司にも来てもらっています。

出産は女性しかできませんが、育児は男女一緒に行なうものです。お互いのキャリアを大事にしながら働き続けるために、どのように育児分担していくかを考えてもらう場にしました。以前は参加者の大半が女性でしたが、現在では男性のほうが多くなっています。

このように、弊社では様々な施策を通してライフステージごとの女性の不安や悩みに向き合ってきました。まず、初期キャリアの不安に対しては多様な先輩の活躍事例を見せる。出産・育児のステージでは、制度の充実に加えて制度を活用する先輩の事例を紹介しながら、上司・パートナーを巻き込む。管理職を目指すステージでは社内外の研修に参加してもらう。受講生同士の学び合いの中から自分への自信を深めてもらうと同時に自分らしいリーダーシップを見つけてもらう。加えてスポンサー制度やメンター制度で個別にフォローしてきました。

私自身は入社して36年経ちますが、この女性活躍の取り組みには30年ほど携わってきました。今、痛感するのは、「**アンコンシャス・バイアス**」と言われる「無意識の先入観」の根深さです。特に、日本社会における「男性は仕事、女性は家庭」という性別の役割分担意識は、ものすごく古い考えのように見えて、今も根強く存在すると感じます。その結果として、職場復帰後の育児・家事の分担が女性に偏ったり、配偶者に転勤や海外赴任の辞令が出たら、妻が仕事を辞めてついて行くケースが多いのが実態です。「妻のキャリアより夫のキャリアを優先しがち」という現象はまだまだ残っているのではないでしょうか。「組織の長は男性をアサインしがち」という慣習もまだ残っていると思います。

しかし、これを覆すような事例も少しずつ増えています。これからも女性活躍の取り組みを継続して、無意識のバイアスを少しずつ払拭していけたらと考えています。

女性のウェルビーイング実現に向けて、企業・個人として必要なこと

2021年11月2日　講演

PROFILE

荘司祐子　株式会社ポーラ　人事担当執行役員

1994年ポーラ化粧品本舗（現ポーラ）に入社。営業、販売企画、CRM、営業推進を経て、2017年より、ポーラでは初の女性人事部長、人事担当執行役員に就任。想像力、発想力豊かな人材の育成とお互いを高め合う共創型組織づくりに取り組む。

ポーラは2029年に創業100周年を迎えます。まっすぐにウェルビーイングと向き合っている会社です。理念の一番上に「**永続的幸福を実現します**」とうたっており、化粧品や美、健康を通じてお客様、人々の幸せの実現を目指しています。短期的なハッピーではなくて、ウェルビーイングを追求していくことがミッションです。

組織に対する考え方も同様です。理念を実現するのはポーラの社員一人ひとりです。社員が良好

な健康状態で仕事へのモチベーション・エンゲージメントが高くないと、お客様の幸せ・幸福を創造していくことはできません。健康的で心理的にも安心できる職場があり、かつ、やりがいを持っていきいきと働けること。さらには挑戦し、成長し続けることができる実感が大切だと思っています。

私たちは、**社員を「お客様への価値を創造していく人＝Value Creator」と定義**しています。社内にはいろいろなValue Creatorがいて、その一人ひとりの個性を大事にしながら、のびのびと個性を発揮して仲間たちと一緒に価値をつくっていく。**「共創」できる組織**をありたい姿に掲げています。

言い換えれば、**多彩な「個」の尊重と、高め合う「つながり」の2つを核にして、Value Creator一人ひとりの健やかな活躍を応援していくこと。**これがポーラのダイバーシティであり、ウェルビーイング経営と言えます。組織風土改革・人材育成・働き方改革、これらはすべてダイバーシティ、ウェルビーイングの考え方につながると思っています。

近年、働き方や働くことに対する価値観の変化がありました。特に**「自分の幸せって何だろう」「生きていくことって何だろう」**と考える人たちが増えています。弊社としても、「永続的幸福を追求する」と掲げており、幸せとはいったい何であるか、ウェルビーイング経営とはどういうことかをどんどん突き詰めていかなければと感じています。

◆「幸せ研究所」の役割

最近の動きとして、幸福学の専門家である慶應義塾大学前野隆司教授のご支援をいただき、ウェルビーイング経営を研究していく「**幸せ研究所**」を社内に創設しました。ポーラは化粧品会社なので、幸せと美しさの関係性や幸せとは何かをテーマに、お客様への提供サービスの基盤を研究しています。将来的には店舗で提供するワークショップやサービス、商品、パッケージ、接客だけでなく、社内の人材育成やチームビルディングマネジメントにも研究成果を活かしていければと考えています。

先日、「幸せ」に関して従業員とお客様に調査を実施し、その結果を用いて社内の部門長とリーダーを対象に「自分にとって幸せとは何だろう」というディスカッションをしました。普段、お客様のことは考えていても、「自分の幸せ」について考える機会が少ないようで、闊達な議論というよりはたどたどしい、よちよち歩きのようなディスカッションでした。でも、「幸せとは何か」を語る時のリーダーの顔つきや対話の雰囲気から、〝**幸せを語る幸せ**〟のような魔法があると思えるくらい、ポジティブなディスカッションでした。

ですから、このように「幸せ」を考えることは、マネジメント改革や風土づくりにもとても効果があると感じています。自分の幸せを考えることをきっかけに、お客様やメンバーの幸せな思いが広がるように、幸せ論から自分のマネジメント哲学が生まれてくれたらうれしく思います。

ウェルビーイングや幸せ、ダイバーシティを推進するのは、すべて私たちの**「組織風土」改革の一環**です。実は、取り組みがスタートした2015年当時は、組織風土調査の結果がよくなく、全社で「C」ランクでした（A・B・C・Dの4ランク中）。それこそ、「満足」や「幸せ」とはほど遠い組織だったのです。上長の中にも古いスタイルのマネジメント層がいたほどで、「このままではよくない」と翌年から毎年テーマを設定して改革を進めてきました。

その後4年間ぐらい、2019年頃までは、人と人、組織と組織の関係性の改善にたっぷりと時間をかけました。2020年は個人にフォーカスし、一人ひとりが自分のやりたい、ありたいことを引き出しながら、誰もがリーダーシップをとって、組織内外の仲間とつながり、挑戦・成長していこうと活動してきました。

そして2021年は「尖れ・つながれ」をテーマに、改革6年目を迎えています。この「尖れ・つながれ」という改革は、いわば自分の中に「やりたい」のエンジンを見つけて、変革や価値創造につなげていくことを目指しています。自分の内発的動機とは何かをしっかり考えて、それが社会や会社とつながりながらポーラという会社で働く意味を確認していく。言い換えれば自分と会社のパーパスをつなげていくような作業です。このマインドの変革は、ポーラで働く社員一人ひとりのやりがいや毎日の充実、幸福感に寄与する大切なことだと考えています。

それが結果として、ポーラの持続的な変革や実効性、効果・成果につながっていく。一人ひとりのエンジンを引き出していくことはウェルビーイング経営の核であり、企業にとって一番大事なフェーズだと思っています。

◆マネジメント層を巻き込む重要性

具体的には、**自分の〝やりたい〟や実現したいことを「自己目標」として設定し、業績目標のうちの25％に組み込んでもらっています。**これは決して会社から指示される目標ではなく、ポーラの基盤を活用してやりたいこと、ポーラとつながって実現を目指すことを条件にしています。ですから、自己目標はポーラの目標でもあるのです。目標を達成し成果が出ればきちんと評価し、報酬として還元しています。

さらに、仲間と一緒にやりたい活動をすることも可能です。そのため、人事としては個人のやりたいことを〝見える化〟して、仲間を募る座談会を開催したり、ワーキンググループを支援したりしています。

ここでひとつ学んだことがあります。それは、改革や幸せを考えていく上で**不可欠なのはマネジメント層を巻き込むこと**です。今でこそ育成や支援は弊社の強みになっていますが、このマネジメント層を変えていくことは、実は一番手をかけた部分であり難関でもありました。

それまで、社員の働きがいや満足度はあまり重視されていませんでしたし、「背中を見て学べ」「仕事は叩き込んで教えるもの」といういわゆる昔ながらの育成手法をとる上司ももちろんいました。あるいは、「わかるけど、理想論だよね」「それで売上が上がるの？」と意地悪な質問をしてくる上長もいたほどです。しかし、日々の仕事で社員と向き合い、社員をつなげるのは、やはり現場でOJTを担っているマネジメント層です。まずは彼らを巻き込まないと変われない。

変革するためには**粘り強く続けていく**ことしか方法はありません。共有、インプット、語りかけ、対話を重ね、3年ほどかけて、ようやく成果の兆しが見えはじめ、会社も変わりはじめました。やはり巻き込むことがマネジメント層の組織運営の要だと実感しました。今でもこれは一番の課題です。現在も研修やイベント、企画があればそのプロセスに必ずマネジメント層を巻き込むようにしています。

◆女性社員のためのバックアップ

ここからは女性にフォーカスした取り組みをご紹介します。私たちは販売を委託しているビジネスパートナー「**ビューティーディレクター**」という女性たちと一緒に歩んできた会社です。たくましくて素晴らしい彼女たちは、お客様への価値提供の第一線を支えてくれる人たちです。ビューティーディレクターはほぼ女性で、チームを率いる組織長がたくさんいます。

女性が多いこともあり、女性特有のがんという病気の存在も身近です。中にはがんと闘いながら働いている人、がんと付き合いながら仕事をしている方も多く、ポーラとしてもがんとともに生きていくことの理解や支援の促進に貢献できればと、世の中への啓蒙・啓発活動にも取り組んでいます。

そのひとつが2018年にスタートした「**がん共生プログラム**」です。仕事と治療の両立支援やがん治療の支援、休暇のサポートなどの制度を、ビジネスパートナーや従業員の皆さんと一緒に充実させてきました。「がん検診を受けましょう」という啓発書籍の制作や、地域活動への参加もプログラムの一環です。

女性従業員に向けては、ウェルビーイングを考えるために特に「**キャリア**」「**メンタルヘルスケア**」「**コミュニケーションを含んだマネジメント**」の3つの領域に力を入れています。

ポーラの従業員は販売職を含めると75%が女性で、総合職だけに絞り込むと50%にのぼります。役職の割合についても、女性社員数が多いということもあって3割ありますが、女性従業員の割合は50%なので、管理職も5割程度に伸ばしていきたいと考えています。

女性キャリアの支援に関しては、次の5つのことに気をつけています。

1つ目に、**男女の採用人数は毎年「1対1」の割合とし、男女比のバランスを崩さない**ようしています。同時に男性の販売職の採用も実施しています。

2つ目は**初期配属**です。マーケティングや間接・営業・海外など、各部署の男女比を見ながら平等に男女が配属されるようにしています。

3つ目として、**定期的なジョブローテーション**を目指していますが、偏りが出ないように気をつけています。

4つ目は、今ではもう当たり前ですが、**男女両方の育休を推進**しています。また、復帰した際に昇進や評価への影響がないよう、早い人では復帰後半年で昇格試験を受けられるような仕組みになっています。

最後の5つ目は**リストアップ**です。これは個人的にものすごく大事なことだと思ってます。特に女性は「基幹職は誰もが受けられるものだ」というマインドセットがされていない方もいます。人よりも、「何で私が受けるんだろう」「今のタイミングでいいだろうか」と悩んだり、出産や育児などのライフイベントを考慮して躊躇してしまったりすることもあります。ですから、会社の側から早めにリストアップをして、「期待してるよ」と背中を押してあげることが大切だと思います。

◆出産後の復帰、育児へのサポート

女性は出産や育児などのライフイベントが多いので、今後も積極的に制度の充実を進めていけたらと考えています。

特に育児に関する支援は積極的に行なっているのですが、特に気をつけたいと思っているのが、復帰のための準備、上長との関係性、配属への配慮などです。育休から復帰する女性は「出産、育児」という大きなイベントを経験して職場に戻ってきます。お子さんができることで、生活や仕事への意識もだいぶ変化します。これは、特にマネジメントの経験として、人と一緒に仕事をしていくという点においてとても成長する時期です。

私自身も経験しましたが、育休中は「会社の動きに遅れを取っているのでは」と〝置いていかれている感〟があります。そういった焦りで、復帰後はなんとか自分の仕事を取り戻そうと一生懸命でした。でも、保育園は19時までだし、幼児食も手間がかかる。熱も頻繁に出す。母親としても、わが子に愛情を注ぎたいのに仕事もしたい。今までのように時間の融通も効かず、ジレンマを抱えてイライラしていました。

でも結局は、同僚に仕事を任せたり、途中で後輩にお願いしたりしながら進めるほか方法はありません。そのジレンマを乗り越えて、相手に任せることがうまくできるようになると、ひとりでやるよりずっといい仕事ができるようになるんです。チームワークや共創の素晴らしさを、身をもって体験することができます。仕事の依頼もなるべくスムーズにいくよう工夫したり、役割分担や情報共有の大事さも学べます。ですから、産休・育休からの復職は、大きな仕事を経験して成長することと同じだと思います。もしかすると、それ以上に人間的な成長がある機会ではないでしょうか。

そうした大きな成長を得た人材が会社に戻って活躍することは、組織にとっていい影響しかありません。マネジメントスタイルのバラエティも広がり、多様性や相互理解も広がります。ですから、お母さんが働く環境整備は特に力を入れて整えていかなければと思っています。

◆女性のヘルスケア促進

「ヘルスケア」に関しては、**婦人科医の協力を得たり健康センターを設置したり**しながらサポートを進めています。特に最近力を入れているのは更年期のケアです。昔はひとりで我慢する方も多かったのですが、どんどん解決していきたいと支援をはじめています。

「更年期の女性はイライラすることが多い」といった偏見もまだまだ根強いですが、更年期の不調は男女ともに起こり得ますし、イライラ以外にも更年期うつなどの症状が現われることもあり、理解の促進が必要です。これを機会に、**身体の不調を気軽に社内で言えて互いにケアできる「心理的安全性」を高めていくこと**が本当の学びでもあります。「ちょっと調子悪いな」や「今ちょっとしんどいんだ」なんてことが気軽に言える風土づくりをしていきたいと思っています。

◆働き方改革

働き方改革も進めています。リモートワークやフリーアドレスも実施していて、残業時間や有給休暇取得率は改善しつつありますが、**改革の裏でどうしても見えにくくなっているのが、社員の身体とメンタルの状態**です。リモートワークでうつを発症したり、組織になじめず悩んだりしている社員に対するメンタルケアをマネジメントの中に充実させていかなければと思っています。マネジメント層の研修でもラインケア研修を実施していますが、まだまだ手探りの状態です。

重要課題として捉えているのが「**無意識バイアス**」です。日本はまだまだジェンダーギャップ指数が低く、社会課題としても取り組むべき大きな課題だと思っています。実際、上司のみならず、自分自身も無意識にバイアスを抱えていることが多いです。このままでは、自分で自分の成長を閉じ込めてしまいます。まずは一人ひとりがバイアスをなくすことに対処していかないと、いくら制度を充実させても本当の意味でのウェルビーイングは進みません。

最後に、女性のウェルビーイング実現に向けて、企業・個人として必要なことについてお話ししたいと思います。まず企業においてですが、取り組みを続けてきて大切だと感じるのは、**女性の課題やニーズを探ってしっかりと把握する**ことです。

企業は社会からの要請や他社の動向を踏まえ、やるべきことがたくさんあるあまりに、自社の従業員が何に困っているのを知らずに施策を走らせてしまうことが多いと感じます。市場のマーケティングと同じようにニーズや課題の把握が肝心です。

「無意識バイアス」にもつながりますが、個人において大事なのは、**女性一人ひとりが自分のキャリアやありたい姿を主体的に考えること**だと思います。「自分がどう生きていきたいのか」をしっかり持っていないと、自分の幸せを認識できないし、人生を切り開いていけません。これからの時代は主体性がないと生きていけない時代だからです。

全国で開催「女性のための保健室」から見える日本の働く女性の健康

2021年10月20日 講演

PROFILE

細川モモ　予防医療・栄養コンサルタント／一般社団法人ラブテリ　代表理事

10代後半での両親のがん闘病経験から予防医学に関心を持ち、渡米。国際的な栄養補助食品の資格を取得後、健康食品会社の開発・広報部に所属。専門家からなる母子健康推進を活動目的とした「ラブテリトーキョー＆ニューヨーク」を発足。

一般社団法人ラブテリ代表理事の細川モモと申します。私たちは「**データで考える働く女性のパフォーマンス向上の鍵**」をテーマに、女性の生活習慣やフィジカル面の健康状態がどのようにパフォーマンスに影響するのかを調査しています。

ここで、全国で働く20代から50代の女性を対象にした2万人の調査データから見えた、女性の健康の実態をお伝えしたいと思います。この調査は、札幌、東京、名古屋、京都、大阪、福岡など、全国の女性のデータであり、対面での測定やカウンセリングを行なったものと一部アプリなどからのデータを含めたものとなっています。

「ラブテリ」は**母子の健康に注力している団体**です。これからお母さんになる女性の健康状態を明らかにするために、10年前から様々な共同研究や共同調査を実施してきました。その背景のひとつに、**日本女性の全世代にわたる「痩せ問題」**があります。

日本の10代から70代までの約11・5%、20代だと20・7%の女性が、BMI値18・5未満の「痩せ型」です（厚生労働省2019年「国民健康・栄養調査」より）。この数値を世界の国々と比較すると、フィリピン、ケニア、コンゴ、ナミビアを中心とする食糧難の国々と数値が近く、主要先進国の多くは10%を下まわる約5%前後に留まっている数値です。それほど日本の女性の痩せ率は諸外国に比べて高く、しかも私たちの調査では働く女性に絞ると30%近くまで上がることも明らかになっています。

日本産婦人科学会の調査においても、初潮が来ないことを理由に小児科、産婦人科を受診した全国の女の子たちの約8・0%が、栄養失調や拒食症により卵巣が正常に機能していないことも明らかになっています。このように、日本女性の「痩せ問題」が女性の健康に注目した大きな要因です。

女性の中でも働く女性をターゲットにしてきた背景には当時の社会状況もあります。**2015年は「女性活躍推進法」が成立した年**です。これにより、働く女性を増やし女性を経済成長の柱にすることが国の成長戦略の一環となりました。

しかしその当時、リクナビＮＥＸＴが男性・女性管理職を対象に実施した「管理職になって犠牲にしたもの」の調査によると、男性管理職が上位３つにあげたものがすべて「時間」に関する回答だったのに対し、女性管理職があげたものは2位が「健康」、3位が「食生活」という結果となりました（「リクナビＮＥＸＴ　管理職実態調査」２０１４年1月、課長職以上の役職に就いている管理職５００名（男性２５０名／女性２５０名対象））。

◆「女性のための保健室」のはじまり

２０１２年、私たちは順天堂大学と「妊娠力の低下要因」について共同研究していました。その時にも、血中の栄養状態が最も悪かったのが学生や専業主婦よりも「働く女性」であるという気付きがありました。

このまま働く女性に対する健康サポートが何もない状態で女性管理職や働く女性が増えてしまうと、結果的に健康と食生活を害してしまうのではないか。年間体外受精数に対して成功率は下から3位という日本の現状（ＩＣＭＡＲＴ：国際生殖補助医療監視委員会）がもっと悪化するのではないか。現在、介護保険の7割は女性が使っていますが、それが増長するのではないかと懸念しました。

そのために2014年度、**「女性のための保健室」**を企業と共働で立ち上げました。**〝町の保健室〟をコンセプトに、予約式ながらも簡単に訪れることができる場所にし、健康診断では測定しない項目の計測や食事調査を実施**しています。

カウンセラーは測定結果とその方の就業環境や勤務内容、家族構成などに基づいて、個別で実現可能な食生活や運動習慣のアドバイスを行なっています。

現在は弊社が独立して全国で保健室を開催しており、女性社員の多い企業様で、健康経営や社員研修の一環で「企業保健室」として同様の取り組みを実施しています。また、日経BP総合研究所メディカル・ヘルスラボとともに企業向けの女性社員健康プランも開発しました。

保健室にはA面、B面の2つの機能があります。

A面は女性自身への啓蒙・啓発の場です。体組成計などで測ったBMI値や体脂肪が婦人科疾患にどのような影響を及ぼすのか。ヘモグロビンや骨量の低下が生涯にわたりどのような健康リスクに通じていくのかなどを伝えています。

B面は、20代から50代の健康な女性の実態データを調査する日本国内でも数少ない研究フィールドという面です。

2014年度に初めて発表したのが、「働く女子1000名白書」です。働く女性の健康状態や食生活、睡眠、運動などの現状を明らかにしたもので、NHK「クローズアップ現代」をはじめ、内閣府の資料や農林水産省「食育白書」などにも取り上げられました。本調査は全国5エリアにまたがっており、全300ページを超えるレポートになっています。この調査を要約してお話をさせていただきます。

◆「働く女子1000名白書」から見える女性の健康状態

まず、調査において明らかになったことは、**働く女性はそうでない女性に比べて痩せ率が高いこと**です。肥満・標準体型・痩せの中で、痩せよりも肥満のほうが少ないのは、先進国では極めて特殊な事態です。中国やアフリカ、インドなどの多くの国々が糖尿病や肥満と向き合わなければならないのに対して、日本の女性は極めて特殊な健康問題を抱えています。

その要因のひとつは、ダイエットに対する意識です。調査において明らかになったことは、働く女性は、そうでない女性に比べて欠食率が明らかに高いということです。厚生労働省2019年「国民健康・栄養調査」によると、女性全体の朝食欠食率が9・1%前後であるのに対し、働く女性では36%まで上昇します。さらに札幌では44%に達します。つまり1日1食ご飯を食べていないということです。

その結果、1日の平均摂取カロリー（推測値）が1479キロカロリーとなり、これは終戦直後ないし戦中を下まわる数値となっています。近い数値では、戦時中に疎開した子どもたちの1日の平均摂取カロリーが1300キロカロリー近くでした。この当時、日本人の平均身長は6センチ低くなっていることからも、摂取エネルギーの低迷が体格、健康面に大きな影響を及ぼすことがわかります。

平均睡眠時間に関しても、OECD（経済協力開発機構）加盟国の調査中、日本の働く女性が世界で最も短いことがわかりました。かつ、デスクワークの時間が長く、身体活動量レベルが低いと回答した人たちが全体の半数に達しています。

我々のレポートのまとめとして、**働く女性は、そうでない女性に比べて栄養、運動、睡眠の三大不足に陥っていることが明らかになりました。**さらに就業時間と欠食について詳しく追跡調査をすると、勤務時間が伸びれば伸びるほど朝食欠食率が上昇することも明らかになりました。退勤時間が遅いと夕食の時間が遅くなるため、21時すぎに夕食を摂るケースが非常に多く見られました。その結果、朝起きてお腹が空いていなかったり、胃もたれを起こしたりしているため、朝食欠食につながっていると考えられます。

さらに単一の栄養素の摂取状況が、勤務時間にどのような影響を受けるのかも細かく解析しました。結果として、勤務時間が長くなればなるほど摂取エネルギーが少なくなることがわかります。エネルギー摂取量が減ることは、単純に食事を食べていないことを意味するので、**女性が心身の健康を保つ上で不可欠な鉄分や亜鉛、カルシウムやビタミンDなどの栄養素の摂取が困難になっていることがうかがえます。**さらに、勤務時間が長くなればなるほど、アルコールやハンバーグ、焼き肉、揚げ物といったものの摂取量が上がる結果も出ています。

21時、22時をまわって退勤すると、ご飯を食べようと思っても営業している場所が居酒屋しかなかったり、仕事のストレスによって飲酒量が増えたりすることは、男性・女性問わず起きる現象です。1日において、朝ご飯を食べず、昼ご飯は食べるもののパソコンの前でサンドイッチとコーヒーを適当に食べている。そして、夜はお酒とハンバーグや焼き肉といったガツンとしたご飯を食べる。結果的に朝起きて胃もたれしていて、朝ご飯が食べられないといった食生活の悪循環が起こることがうかがえました。

このような欠食の状態は、ビタミンやミネラルといった栄養素の深刻な不足をもたらします。ミネラルを見ても、血液をつくるのに必要な鉄分の不足率が92%、骨を維持する上で必要なカルシウムの不足率が91%です。体力に影響するカリウムの不足率が51%と、様々な栄養素が深刻な不足状況にあります。充足している栄養素はたったひとつ、塩分のみです。

◆栄養不足からくる病気、不調

これらの栄養不足は心身の不調に中長期的な影響を及ぼします。まず、働く女性自身が自覚している不調をアンケート調査したところ、**1位から順に、肩こり、冷え症、むくみ、疲れが取れない、肌荒れ。同率6位に腰痛、精神的アップダウン、便秘。9位に頭痛、10位に風邪をひきやすい、11位に不眠と、様々な自覚症状**を有しています。

興味深いのは、男性と女性では仕事のモチベーションの低下要因が異なる点です。私たちの調査では女性は肌荒れがあると明らかにパフォーマンスが下がるということがうかがえました。これは男性とは大きく違うと考えています。

このように慢性的な栄養失調、睡眠不足、運動不足が10年、20年続くと、複数のリスクがありますが、まず明らかになるのが「**ロコモティブシンドローム**」の重症化です。ロコモティブシンドロームとは、骨、筋肉、関節を中心とする移動に要する筋肉や骨が老化する現象です。これが深刻化すると介護状態の一歩手前になるケースもあります。私たちの調査では、20代、30代でロコモティブシンドロームに該当している女性は約3割という結果になりました。そのほとんどが内勤の座りっぱなしの仕事をしている女性です。

ロコモティブシンドロームの悪化によって、四十肩や、40代をすぎると自覚症状が現われる骨、関節、筋肉系の痛み、腰痛を引き起こし、仕事の生産性の低下につながっていくことも明らかになっています。

また、われわれの白書から最も懸念されることのひとつは、**糖尿病の発症リスクの増加**です。現代では、40歳をすぎると4人に1人が糖尿病になっています。20代、30代の女性においては妊娠糖尿病も増加しています。朝ご飯の欠食率が高い、勤務時間が長くなればなるほど、食事ではなくお菓子を食べてしまう、ビタミンやミネラルの慢性的な不足がある、勤務時間が長ければ長いほど飲酒量が増す、運動量が少ない、睡眠時間が短い。これらは明らかな糖尿病のリスク要因になり得ます。

これらを複合的に抱えている40代以降の働く女性は、痩せていたとしても糖尿病の発症リスクが高まります。もともと日本人は、世界で最も糖尿病の発症リスクが高い民族ですので、このような生活習慣が慢性的に続いてしまうと、ますます糖尿病を発症するリスクが高まるのです。

意外かもしれませんが、日本人の痩せ型の女性は、欧米の同世代の肥満女性よりも高い耐糖能異常があることがわかっています。つまり、痩せている日本人女性は肥満の欧米女性と同じくらい血糖値が上がりやすいのです。糖尿病は痩せている女性にとっても大きな健康リスクと言えます。

健康経営において最も課題となるのは**「腎臓透析」**です。糖尿病を抑えるのが目的ですが、1人当たり500万円近くの出費になります。このままの状況が続くと、明らかなリスクになる可能性が高いことがうかがえます。

さらに調査では、**働く女性の約5人に1人が、連続して生理が止まったことがある「無月経」を経験していた**こともわかりました。これは想像よりはるかに多い数値です。生理が止まった段階で婦人科に行かなければ、子どもを望んだ時に不妊治療を受けざるを得ない状況になります。不妊治療の増加による勤務の継続の困難というのが、今後増えるのではと懸念されます。

「保健室」の取り組みとは別に、ある企業と共同で働く女性1000名にインターネット調査を実施しました。「婦人科の不調を感じますか」という問いに対して「はい」と答えた女性に、産婦人科でどのような治療を受けたのか質問をしたところ、**「治療は受けていない」「痛みはあるけれども市販薬で対処した」と回答した方が7割近く**いました。やはり、仕事が忙しいとなかなか産婦人科に行きにくい、予約が取れないということや、行くことそのものが怖い、自分が抱えている痛みがどのような症状に起因するのかがわからないといったような様々な問題から、婦人科不調を放置している女性の割合が多いことがわかりました。

◆仕事への影響

「働く女子1000名白書」から見えた食生活や睡眠不足、運動量、自覚している主観的な不調が、どのように仕事に影響するのかについても詳しくお話ししたいと思います。

私たちは、日本医療政策機構と同様に、ＷＨＯのパフォーマンスの指標から生産性と食生活や健康状態の関連を研究しています。

その中で注目すべきは、まずは「仕事において何％の力を発揮して、現在働いていますか」という問いに対して、**「70％以下の力しか出せていない」**という回答が約**8割**を占めていたことです。さらに**3人に1人が「自分の仕事のパフォーマンスには自信がない」**と回答しました。これは、日本人女性のポテンシャルはまだまだ高いものがあるということ。潜在能力をまだまだ引き出すことができるという現われでもあるのです。

では、パフォーマンスが発揮できない原因は何でしょうか。調査したところ、まずは**絶対的プレゼンティズム（Presenteeism＝疾病就業）**、**次にPMSなどによるメンタルのアップダウンが影響している**と考えられました。同時に、肌荒れ、生理痛、背中や腰の痛みなど、ロコモティブシンドロームの症状に該当する不定愁訴や健康状態が原因となり「１００％の力では働けない」という回答があがりました。

「自分の仕事に自信が持てない」「同僚と比べて自分は劣っている」と感じている女性に対して原因を調べた結果、やはり精神的アップダウンがあることが見えてきました。これは女性ホルモンの影響も考えられるため、それに対するケアをしっかり学んでいく必要性があると思います。

現状を変えるために必要なこととして、私たちが常に唱えているのが、「**Education**」と「**Health Promotion**」です。「Health Promotion」とは、WHOによると「**人々が自ら健康をコントロールし、改善できるプロセス**」と定義されています。

先ほどご紹介した1000名のウェブ調査によると、健康状態に自信がある女性ほど長く健康で働き続けられる自信があり、生産性が高いことがわかりました。そして、「健康状態を理由に離職を検討したことがあるか」という問いに対しても、やはり健康状態に自信がある女性ほど離職検討回数が少ないことも明らかになりました。

パフォーマンスの低下要因に関しては、月経、PMSや生理痛と回答した女性が6割、更年期と回答した女性が5割にのぼりました。

日本政策医療機構の調査では「**ヘルスリテラシーが高い女性ほど、自分の不調に適切に対応できる」傾向**がうかがえました。私たちの調査では「朝ご飯の摂取により生産性が高まり、熟睡感、活動量が良好なほど長く働き続けられる自信が高い」ことも明らかです。そして、健康状態に問題があったとしても、離職に至らなかった要因に関しては「会社の制度への満足度」が要因であることが明らかとなりました。

制度が重要であることは間違いありませんが、教育プログラムも極めて重要であることは私たちの研究からも明らかです。不妊症や婦人科疾患の予防手段として、体脂肪やＢＭＩのセルフチェックも効果的です。これは体組成計を買えば簡単に自宅でチェックできますが、**問題なのはそれらの数値がどのような健康上のリスクをもたらすのかという具体的な知識、リテラシーが欠けている点**です。

働く女性に対して、「ＢＭＩや体脂肪が生理や排卵に対して影響することを知っていますか」という質問をすると、約6割が「知らなかった」と回答しています。つまり、多くの方々が自己管理できるだけの知識がない可能性があるのです。これらを全国の「保健室」が指導させていただいた結果、「今後、ＢＭＩ、体脂肪を適正に保っていこうと思うか」という問いに対しては、約9割になる87％がイエスと回答しました。知識のサポートを通して、日本人女性は自己管理をする意識がいかに高いかということもうかがえました。

◆働く女性自身が健康管理できる環境に

そして、3カ月間にわたり介入研究を実施しました。Ａ群は、測定するだけで情報提供や物品提供を行ないません。Ｂ群は、測定したあとにカウンセラーがカウンセリングを実施し、かつ、こちら側からヨーグルトや栄養食品などの簡単な朝ご飯を1カ月間提供しました。その結果、2つの介入群の間で明らかな行動変化が見られました。

B群では朝ご飯の摂取率が改善し、痩せ率が改善されるなど、不健康な食生活が健康な食生活に明らかに変化するような行動が見られました。つまり、「Education」プログラムの提供、さらに可能であれば会社で健康的な食品や朝食の提供が実現すると、女性の健康状態は改善する可能性が高いということがわかりました。

そのことから、私たちが重要としている「Health Promotion」においては、まず働く女性自身が自分の健康を管理できる知識を学ぶこと、会社側からの学ぶ機会や測定といった気付きの機会の提供、そして、制度の充実が大切だと考えています。さらには、管理職においても男女の性差に関する理解や妊娠に関する理解を充実させることが、「Health Promotion」に求められる役割ではないかと考えています。

最後になりますが、女性は加齢にともない更年期症状をはじめとする健康上のリスクに直面します。これらのリスクを増幅させないためにも、若年期から健康的な生活習慣を意識することが大切ですが、残念ながら日本の女性は朝食欠食率、運動率、睡眠の調査結果を見ても、世界トップクラスに健康上の課題を抱えています。

これらを解決するため、**働く環境においてはオフィスデリバリーの充実や栄養が摂れるおやつの完備、可能であれば朝食の提供などの「Health Promotion」が広く普及すること。そして、会社で生理やPMSを中心とする女性の健康に関する情報が行き届く機会を提供することが**、今後、本質的に女性が活躍していくために求められる環境整備だと考えます。

働く女性の健康課題に関する全国調査及び研究成果　https://www.luvtelli.com/
保健室開催に関するお問い合わせ　info@luvtelli.jp

働く女性のアンケート結果から見える生理と社会の課題

2022年6月8日 講演

PROFILE

米川瑞穂　株式会社日経ＢＰ　総合研究所　主任研究員　メディカル・ヘルスラボ

「日経ビジネス」の同梱誌「Ｐｒｉｖ.（プライヴ）」、ビューティーマガジン「ｅｔＲｏｕｇｅ（エルージュ）」編集、女性向けライフスタイルサイト「Ｎｉｋｋｅｉ ＬＵＸＥ」編集長を経て現職。著書に『ウェルビーイング向上のための 女性健康支援とフェムテック』（日経ＢＰ）。

私たち日経ＢＰ総合研究所では、女性特有の健康課題について数年前から様々な啓発活動を行なっています。２０２１年、働く女性１９５６人を対象に、生理の悩みについての調査を実施しました。その結果、生理による不調が、女性の活躍を阻んでしまっているという残念な現実が見えてきました。

現在、**日本のフェムテック市場規模は600億円以上**とも言われています。世界では2025年には5兆円、2027年には7兆円産業に成長すると見込まれています。日本のフェムテック市場ではまだ小さいですが、世界的に見ると、女性の性に関する「**セクシャルウェルネス**」ジャンルもどんどん大きくなっています。

日本では、女性の性の問題はタブーと見られ、長らく〝なかったこと〟とされてきたと感じます。2021年に、伊勢丹新宿店で開催されたフェムテックフェアを取材したのですが、セルフプレジャーグッズが本館1階で初めて販売されました。長年の顧客やご年配のお客様もたくさんいらっしゃるので、「昔で言う〝大人のおもちゃ〟のようなものを伊勢丹で売って大丈夫なのか」という声が売り場からもたくさん上がったそうです。しかし、販売を開始すると、10日間の会期でクレームは1件もなく、それどころか店頭で悩みを話したり、中には涙を流すようなお客様もいらっしゃったそうです。バイヤーの方たちも市場の変化をとても感じたとおっしゃっていました。

同じく成長しているのが「**セルフケア**」ジャンルです。今では生理やPMS（月経前症候群）、更年期のためのサプリがとても増えていますし、デリケートゾーンケアのコスメも、普通の化粧品と同じように当たり前に店頭に並ぶようになっています。

そして「**更年期ケア**」です。2022年2月、岸田総理大臣も衆院予算委員会で発言していましたが、更年期の問題は、働く女性がリーダーとして活躍するのを阻んでしまう大きな原因のひとつになっています。更年期とは閉経の前後5年を指し、平均的に45歳から55歳です。ちょうど組織でリーダーとして活躍しようという時期に更年期の障害が出てしまったために、残念ながら昇進を断ったとか、一部では会社を辞めてしまった方もいらっしゃいます。更年期ケア市場も今後もっと拡大していくと考えられています。

また、「**不妊・妊よう性のケア**」と「**妊娠・産後のケア**」も注目です。不妊治療に関しては、2022年4月から保険適用になりました。不妊治療を受ける患者さんも増加しており、今後もニーズが高まっていくと言われています。

特に、「**生理の社会問題**」についてさらに詳しくお話ししていきたいと思います。

昨今、生理による労働損失やナプキンの無料化、企業による生理ケアなど、生理に関する様々な課題が話題にのぼっています。もともと月経随伴症状により、社会全体では6800億円の経済損失、4911億円の労働損失が生まれていると算出されており、特にコロナ禍では女性の非正規雇用者が増え、家計に苦しむ方も増えたため、ナプキンが買えない貧困問題も大きく報道されています。

フェムテック市場においては、「オイテル」というアプリが50万ダウンロードを突破しています（2023年2月現在）。これは、アプリを使うことで大学やショッピングセンターなどのトイレで生理用ナプキンが無料でもらえるサービスです。ほかにも類似したサービスを提供する企業があります。トイレにはトイレットペーパーはあるのに、生理用ナプキンはないのが現状です。ナプキンを買えない人がティッシュをなんとか重ねて使う現状を変えようと、新しい取り組みがはじまっています。

企業による従業員ケアもとても増えています。ポーラのケースを紹介すると、オフィスのトイレに生理用ナプキンを常備したり、ショーツ自体が経血を吸う吸水ショーツの購入や低用量ピル処方、卵子凍結の初期費用などについて補助をしています。また、不妊治療をサポートする会社も増えています。企業が従業員をケアすることで、女性の働きやすい環境をつくる取り組みです。

◆「生理快適プロジェクト」働く女性2000人調査

弊社ではこのような課題を解決していくために、様々な調査活動や啓発活動に携わってきました。そのひとつは、「**ヘルシー・マザリング・プロジェクト**」です。このプロジェクトが主軸に置いていたのは、女性の「不妊」と「痩せ問題」です。今、日本の女性は先進国の中で珍しく、痩せた女性が増えています。痩せたまま妊娠してしまうことで、低出生体重児＝2500g未満で生まれる小さい赤ちゃんが増えているのです。何が問題かというと、胎内で赤ちゃんのいろいろな器官がつくられる時に身体が飢餓状態にあるので、様々な障害が出てしまうことがあるのです。生まれたあとは、栄養不足の状態だったのが突然、ミルクや授乳食などたくさんの栄養を摂取することで、子どもの頃から肥満になったり、若年性の生活習慣病や糖尿病がとても増えたりしています。

新しい研究結果では、**低出生体重児の影響が本人のみならず3代先まで続いてしまう**という調査結果も出ています。日本の過度な〝痩せ信仰〟によって、もしかしたら自分の3代先まで悪影響が続いてしまうかもしれないという事実を知ってもらう活動や、妊婦さんに向けて鉄や葉酸だけでなく、たんぱく質をはじめとした栄養を摂りましょうという啓発活動を行なってきました。

もうひとつが「**生理快適プロジェクト**」です。生理の問題に関しては「つらくて当たり前」「毎月我慢して当たり前」などの古い考え方が残っていて、若い世代でも婦人科の受診を躊躇する人がいます。その結果、疾患につながってしまう残念な現状もあり、今の状況を明らかにしようと約2000人の働く女性を対象に調査を実施しました。

調査は、日経BPグループのメディアやサービスに接触した働く女性に、ウェブ上でアンケートを実施しました。現在、生理があって不快な症状がある方、または医療機関で治療を受けて不快な症状があまり気にならなくなった方に回答いただいています。年齢分布は20代以下204人、30代738人、40代1014人となっています。役職については、パート・アルバイトの方は少なく、正社員、特に係長以上が多い結果になっています。今、日本では「管理職以上の女性を30％以上に増やす」という目標が2020年に達成できず繰り越しになっています。これを達成できるかのカギになる人たちに回答をいただきました。

勤務先の規模は幅があるものの、1000人以上の大企業に働く人が約半数です。業種については、通常、女性対象の調査で勤務先を聞くと「介護福祉」や「医療」が1位に来る傾向が高いのですが、今回は「製造業」が1位、次いで「卸売、小売・商業」でした。これは男性の分布と非常に近く、男性社会で男性と肩を並べて働いている女性像がうかがえます。

調査では、まず、月経による不快な症状の程度を聞きました。その結果、「症状がそれほど強くない」と答えた人は全体の28・4％。「生理前と生理中、いずれも症状が強い」が31・6％でした。「生理前のみ症状が強い」が10・3％、「生理中のみ」が24・5％でした。「治療して軽減している」が5・1％となり、圧倒的多数が生理前と生理中のいずれか、または両方で症状が強いものの、我慢していたり、痛みがあっても放置している現状がわかりました。

不快な症状によって影響が出る日数については、平均で4・85日でした。1カ月に1回生理があったとすると**1年で約60日。**12カ月のうち2カ月間は不快な症状がある計算になります。

不快な症状による影響ですが、**「仕事や勉強の効率が落ちてしまう」**が75・4％と最多で、「ミスが増える」が27・8％。「つらくて休んでしまう」が続きました。この不快な症状が出ている時の仕事のパフォーマンスについて聞いたところ、普段を10点とすると、平均で6・35点に下がっていました。つまり、仕事の生産性が約6割にまで低下しているということです。

「そんなにつらいなら生理休暇を使って休めばいいんじゃないか」と思う人もいらっしゃるかもしれませんが、残念ながら生理休暇の制度があっても利用しづらく、機能不全に陥っていることもわかりました。職場にある制度を聞いたところ、「生理休暇」が63・2％。次いで「テレワーク」や「時間単位の休暇」など、柔軟な働き方の制度が続きました。本来なら、生理休暇はパートやアルバイト従業員でも取得していいはずの制度なので、100％にならなくてはいけません。周知がまだ足りていないと感じました。

生理休暇の取得状況については、「生理がある時は毎回利用している」が全体のわずか1・9％、「たまに利用している」の5・6％を足しても、全体の1割未満でした。一番多いのが、「利用したいと思うことはあるが、利用したことはない」の47・7％、症状が強い方でも57・6％が同様に回答しています。

生理休暇を取得しにくい理由について聞いたところ、「男性上司に申請しにくい」が61・8％で1

位。「利用している人が少ないから」「同僚の目が気になる」など、日本的な負のスパイラルが見えました。「休んで迷惑をかけたくない」という回答も3位です。

生理休暇は上司に申請が必要だったり、無給だったりする会社もあるため、生理休暇の代わりに有給休暇を使った人が一定数いました。先ほど、生理のつらい日数が4・85日だと紹介しましたが、男性も女性も同じように働こうと言われている時代に、毎月5日近く生理休暇を取得するのは、あまり現実的ではありません。やはり、生理休暇を使わなくて済む対策も必要なのではないかと思われます。

◆生理に対する職場の理解が求められている

では、このような女性のつらい状況を職場は理解しているのでしょうか。聞いたところ、残念ながら「理解がない」と答えた人が55・4％、半分以上でした。

職場に導入してほしい制度を聞いたところ、1位は「婦人科の受診費用の補助」。ついで、「低用量ピルの服薬支援」でした。低用量ピルは生理のつらい症状の改善につながります。そして、「生理への理解を深める男性も含む全社員対象の研修」「管理職対象の研修」が続きました。つまり、女性社員はつらい症状を緩和するための治療支援、生理についての周囲の理解を求めていることがわかります。

同時に、**企業が従業員に生理ケアを行なうと、女性社員のエンゲージメントが向上する**可能性も見えてきました。「職場の理解がある」と答えた人とそうでない人を比べると、「女性上司だけではなく、男性上司も生理でつらい時にサポートしてくれる」という回答率が、前者が後者の約6倍でした。「今の会社が好き」と答えた人も10ポイント以上の差があります。つまり生理ケアを充実させることで、女性の職場に対するエンゲージメントが高まるということです。

「治療して生理のつらい症状を軽減している」人が約5％いるとご紹介しましたが、そういう人たちは症状を我慢している人と比べて、仕事への意欲が高いこともわかってきました。「ずっと働き続けたい」と思う人は14ポイント高く、「複数人のチームでリーダー経験がある」人も12ポイント高いです。さらに「昇格、昇進試験についてのチャレンジ」や「海外赴任」への意欲も倍以上と前向きな姿勢が見て取れます。

低用量ピルを服用して、不快な症状が出なくなった人は約3割いました。そして、計7割の人は症状が軽くなったと答えています。ですから、何もせずに我慢するのではなく、婦人科でピルを処方してもらったり、漢方薬や鎮痛剤など効果的な薬を相談したりできれば、〝つらいまま〟という現状は打破できると思います。ただ、現状では、「生理のつらさを軽減する対処法について教育を受けたことがあるか?」と聞くと、「特に教育を受けたことがない」と答えた人が8割にのぼります。私自身もそうでした。

回答者からは、熱のこもったコメントも寄せられました。「生理休暇を申請する際の、休暇届けの印鑑スタンプラリーをやめてほしい」「知られない権利もほしい」「○○君の奥様も去年、手術してとか、男性しかいない職場や部署で、身体のことを知られたくない」「トイレに生理用ナプキンの自販機を設置してほしいと会社に提案したが、『誰が管理するんだ』と言われた。ジュースの自販機は社内中にあってもなぜナプキンはダメなのでしょうか。医薬品と一緒に総務部に置けないかと言っても、『恥ずかしいから誰も取りに来ないと思う』と想像上の理由で却下されてしまった」という声もありました。この方は事務系の仕事で中抜けしてナプキンを買いに行けるようなのですが、「シフト制で工場に入っている人は近くに売店もないため、作業着を脱いでエアシャワーを浴びないと外へは出られません。ナプキンを買いに行くだけで昼休みが終わってしまうという現状を伝えても、あまりにも話にならないのでやめました」というコメントでした。

また、「長時間の会議や打ち合わせが続くと、大量出血で椅子を汚してしまうことがある。このような現実を男性上司は理解してほしい」という声もありました。私も入社当時、深夜残業が当たり前だったので、実は椅子を汚してしまったことがあります。まわりでも、黒い服をロッカーに用意しておいたり、人と貸し借りをしたりしていましたが、そもそもトイレに行けない状況、長すぎる会議の連続は見直すべきだと思います。

ある会社では、生理休暇の取得率が低いため「女性特別休暇」と名前を変えたものの、古い考え方の男性が多いので「女はいいな」と言われたり、50歳すぎの女性が生理休暇を取得すると「えっ、あの人まだ生理あるの?」と言われたりした事例もあったそうです。このように、名称や制度を変えたとしても、会社全体、特に男性の理解がなければ何も変わりません。

そして、「女の敵は女である」という問題を象徴する意見もありました。「男性社員は詮索しないのでましですが、女性のほうが理解が少ないと感じます。私の会社では生理がつらくない人のほうが長く働き、出世しています」との声が、実は何人もの方から寄せられたのです。日本では「生理が軽くないと昇進できない」という現状もあるということです。

生理が終わった女性管理職が、生理のつらさを忘れてしまうパターンもあります。その結果、「私はもっとつらかったけど頑張った」とか「生理くらいで休むの?」などと、部下のつらさを理解しない残念な現実も見えてきました。このほかにも、働く女性と管理職計3000人に生理の影響について実態調査した結果は、私の著書『ウェルビーイング向上のための　女性健康支援とフェムテック』(日経BP)で紹介しています。

「我慢するのが当たり前」という考え方自体、女性活躍の時代には古い考えです。もっと健康的に女性が輝ける環境をつくらなくてはいけません。そのために私たちがもっとできることがたくさんあるのではないかと思います。

PART 4

ウェルビーイングの観点から解決する商品・サービス開発

PART 4

セッションを通しての視点・活用のポイント

PROFILE
永田潤子　大阪公立大学大学院都市経営研究科　教授

本書で取り上げている商品やサービスの事例は、商材そのものも参考になると思いますが、以下の視点からも考えてみると、よりビジネスのヒントをつかめるでしょう。

◆商材（商品・サービス）は、どの分野、何を目指すのかを描く

例えば、ヘルスケアビジネスの対象分野は、「疾病予防」「介護予防」「生活サポート」の3分類で分けるのが一般的ですが、ウェルビーイングの領域では、「医療」「予防・保険」「健康推進」「美容」の4分類で整理できます。また、女性の年齢、ライフコースによって健康課題やテーマに違いがあるので、**どの領域の健康やウェルビーイングを設定しているのか、対象者や課題設定に注目してく**

ださい。

◆ヘルスリテラシーの低さと改善習慣のハードルをどう越えるのか

２０２１年に、中山和弘教授らが実施した、ヘルスリテラシー測定尺度（ＨＬＳ－ＥＵ－Ｑ47）を使った日本の平均点は、調査方法に違いがあるものの、ＥＵ・アジア諸国の中で最下位という調査結果になっています。日本の点数の低さは、身近に何でも相談できる環境（ケア）の不十分さが主な背景です。

また、厚生労働省「国民健康・栄養調査」（２０１９年）によれば、食習慣の改善、運動の改善の意思について、「関心はあるが改善するつもりはない」とする割合が最も高く、男女ともに約25％弱という結果になっています。また、その理由としては、食習慣の改善に関しては「仕事（家事・育児等）が忙しくて時間がないこと」27・5％、「面倒くさいこと」25・3％です。運動習慣にしても、ほぼ同様な理由が上位にあげられています。

健康が大事なことやウェルビーイングには関心があるものの、ヘルスリテラシーが低いと商品やサービスに興味を持つこと、購入にはつながりません。また、「忙しくて時間がない」「面倒くさい」というハードルをどう越えるかも重要ですね。本書での事例はどのように工夫をしているのでしょうか。

◆課題解決のための設計図（セオリー・オブ・チェンジ）

骨子の考え方です。

「セオリー・オブ・チェンジ」とは、社会課題の解決を目指す事業（NPOなど）の経営における骨子の考え方です。

ウェルビーイングは、様々な要因、環境、個人、社会といったものが絡み合っており、何かひとつの解決策だけが効果あるというものではありません。そのため、**「どんな課題に向き合い」「どういう未来像を目指すのか」「どんな因果関係で社会状況を変化させていくのか」「どんな目標を掲げるか」**を定義するのが、セオリー・オブ・チェンジです。商品の先に、ウェルビーイングの実現があるわけですから、そのための設計図をどのように描いているのかも、参考になると思います。

女性を取り巻く課題に取り組むことの重要性について

PROFILE
日野佳恵子　株式会社ハー・ストーリィ　代表取締役／女性トレンド総研

2022年5月27日 講演

女性を取り巻く課題になぜ本気で取り組まなければならないのか。現状と背景を見ていきましょう。

ひとつの要素として、**「人が主役の時代」**になっているからです。「ウェルビーイング」は日本語で「幸福感」とも訳されています。「精神的」「社会的」「身体的」に良好な状態が「健康」であるわけですから、生きていることそのものがよい状態にあることを「ウェルビーイング」と言います。

ここで大切にしたいのは、**「幸福感」の「感」**です。これは「感じている」という意味ですから、定量的なデータや数値に表わしにくいものです。

モノの性能は重要ですが、現代では、どんなに素晴らしい開発や発見をしても、肝心なのは、それを使う人は「どう感じているのか」「誰が幸せになるのか」までを含めて価値になっていることです。

今、日本の最大の課題は人口減少であり人手不足です。そうなると、**人材そのものが高い価値に**なっていきます。人が価値になれば、さらにその人がどれだけ「幸福感」を持って仕事や生活に取り組める環境をつくれているのかが成果を生み出しますから、それが企業評価へとつながっていきます。

そのことから、「**人の幸福に価値を置く**」「**次の世代、子どもたちの未来の幸福を考える**」という**ソーシャル視点を持った企業に人が集まる**という現象が起きていきます。今の就活生は、企業規模ではなく、「**社会にどんな貢献をしようとしている企業なのか**」「**自分がどれだけ活躍できるのか**」といった基準で企業を選ぶようになってきました。

◆幸福感を考える2つのキーワード

そこで、次の2つのキーワードを覚えてください。

ひとつは、マーケティングの世界で言うところの「**グレートリセット**」です。グレートリセットとは、よりよい世の中のために社会・経済システムを見直し、再構築・刷新すること。

もうひとつのキーワードが「**アンラーン**」。ラーンとは「学び」ですが、これまで学んでいた知識をいったんゼロにして、もう一度新しい常識を学び直すことです。

「グレートリセット」「アンラーン」、この2つは、それぞれ言い方は違っていても、**過去を活かしつつ新しい社会を認めていかなければならないこと**を表わしています。そして、先進国の中でも先頭を走らなければいけないのが日本です。

「幸福感の実感」についてのデータがあります（「世界幸福度報告書2023年」持続可能な開発ソリューション・ネットワーク）。それによると、日本の幸福度ランキングは世界47位。ちなみにフィンランドが6年連続トップです。この「幸福感」とは「ポジティブ」や「人との関わり」「よい関係」「自分の人生の意味を自覚する」「達成感」などからなっています。この幸福度ランキングをよく覚えておいてください。つまり、物質的な豊かさだけでなく、心を満たす「情緒性」もなければ、人も離れ、働く人も辞めていく。また、社会全体に大きなひずみが生じてしまいます。

もうひとつの現状把握として、**「先進国の子どもの幸福度ランキング」**（ユニセフ（国連児童基金）・イノチェンティ研究所　2020年）を紹介すると、身体的健康面での問題に関しては、日本は世界1位にランキングされますが、精神的幸福度ではワースト2位、総合ランキングでは38カ国中20位です。日本の子どもたちの身体と健康面は上位ながら、メンタル面においては下位に位置します。そして、内閣府が調査した「子供・若者白書」（2019年）によると、自己肯定感がG7加盟国中最も低い結果となっています。

こうしたことからも、我々が今本当に取り組むべきは「心を満たす」環境を同時につくること。これが日本に最も求められるソーシャルの観点ではないかと思われます。

さらにもうひとつ、日本は女性の家事・育児労働時間が世界的にも長く、男性は主要先進国の中で最も短いというデータがあります（OECD：経済協力開発機構　2021年）。この調査では、子どもの有無や、仕事をしていて子どもがいる人、専業主婦で子どもがいる人などの幸福度を比較することができます。すると、「子どもがいる女性のほうが、幸福度が低い」結果となりました。また、結婚・出産時は幸福度が高いと思いますが、出産後の夫婦関係の満足度は時間とともに低下しています。この原因は、性差よりも社会的な〝バグ〟にあると考えられます。男性側にも「仕事が忙しくて帰れない」「家事を手伝えない」「早く帰ると評価に影響する」などの苦しみがあり、女性側にも「働かなきゃいけないけど、家庭のことなどやることが多すぎる」などの苦しみがあるのです。

◆幸福度を下げている3つの原因

日本人の幸福度を下げている3つの要因があると言われています。

1つ目が「**お金**」です。子どもを出産しても、経済的成長が見込めないと、結果として家計がひっ迫します。それにより、夫と妻の両者がイラついてしまい、夫婦関係にひずみが生まれます。

ここ30年くらい、**20代30代の離婚率は右肩上がり**です。シングルマザーの家庭だけでなくシングルファザーの家庭も増え、結果としてさらに生活困窮者が増える状態があります。

そして2つ目が夫婦の「**家事・育児負担の差**」です。

この点に関して国も支援を加速していて、2023年に「**こども家庭庁**」が創設される予定です（2023年4月に発足）。こども家庭庁の目的は、これまで文部科学省が扱っていた「教育」、厚生労働省の「就業」、内閣府の「生活全体」、警察が管轄する「事件」など、**省庁ごとに縦割りだった機能を包括的につなぐ**ことです。このように「縦割り」から「横の連携」を大事にすることも時代の流れとして大きなテーマではないかと思っています。こども家庭庁の誕生がこれから日本をどのように変えていくかは注目したいところです。

幸福度を下げている3つ目の要因は「**人口減少**」です。日本は本格的な人口減の時代に突入していますが、それが自分の生活やビジネスにどう影響するのか、改めて考えてほしいと思います。

データによると、2025年には人口の約2割が後期高齢者になる「超高齢化社会」に突入します。さらに、「結婚しても出産しても大変だ」という意見や生き方の多様化などから、未婚率もどんどん増加しています。50歳時点の生涯未婚率が男性3割、女性2割に到達しようとしています。これはかなり大きな数字です。同時に少子化も進み、人口が減っていくのです。

これにより生じるのが労働力不足です。２０３０年には６４４万人の労働力が不足すると予測され、そのうち４００万人はサービス業に携わる労働者とみられています。メンタル不全の病気の患者や高齢者などの、人のめんどうをみる仕事はサービス業にあたります。この問題を解決するために、ＡＩや海外労働者、それから高齢者雇用など様々な対策がありますが、いずれにせよ労働力は足りません。

そういった中で、私たちはなぜ女性に着目しなければならないのでしょうか。その理由は、**全労働者の約45％が女性**だからです。女性たちが子育て、そして仕事をしながら活躍し収入を得る国の環境と、女性をサポートするサービスや商品を生み出さなければ、日本は沈没してしまいます。

女性の労働力人口は昭和後期から令和の今まで右肩上がりで伸び続けています。一方、男性の労働力人口は２０００年頃からほぼ横ばいです。そして２０２１年には前年比で見ると、男性の労働人口は20万人減少し、女性は13万人増えています。私たちが女性のウェルビーイングに取り組む理由は、女性が幸福感を持って活躍できる環境を企業・社会がつくらなければ、この先の未来がなくなってしまうからです。これは、経営者だけでなく一人ひとりが取り組むべき課題です。

子どもの人口は深刻な値で減少しています。かつて、いわゆる団塊の世代の年間出生数は２００万人近くありましたが、徐々に減り、現在２０２２年には80万人を切り、70年前の半分以下となっています。子どもたちがどんどん減る社会では若者の採用も大変難しくなります。そこで、子育てが終わった女性を積極的に雇用したり、シニア層の方々に積極的に活躍してもらうなど、様々な対策が必要になります。そのための働きやすい仕組みづくりや環境整備が急務です。その結果として女性やシニアにも優しい商品やサービス、または技術、産業が生まれていくと思われます。

私がショックを受けたのが、「Twitter 社を買収したイーロン・マスク氏が「日本は消滅します」と投稿したことです。彼のコメントでは、「当たり前のことを言うが、出生率が死亡率を上まわるような何らかの変化がない限り、日本は消滅するだろう」とはっきり指摘しています。海外に目を向けてみると、出生率を横ばいに維持している国はヨーロッパに多く、先ほどの幸福感調査の上位もヨーロッパです。ジェンダーギャップ指数ランキングでもヨーロッパの国々が上位に位置します。

彼らが取り組んできたことは何でしょう。それは「**社会全体で子育てをする**」ことです。特にフランスは婚外子の割合が6割にのぼります。過去の法律や常識に則りながらルールづくりをすると、みんながどんどん追い詰められてしまう例がたくさんあります。これらを踏まえながら、日本がどうあるべきかを本気で考え、その成功事例を企業間や地域で共有・連携することが重要です。

とはいえ、コロナ禍では外食や飲み会の機会も減り、家事・育児をする男性も増えました。この機会に「もっと家族と一緒に過ごそう」という考え方・行動の変化が見られます。40代以下の男性、さらには30代以下や20代となると、「ともに生きていかなければ生活がままならない」という価値観へと変化しています。

このように私たちは、高齢者が増え、ひとり暮らしが増え、消費者や子どもが減っていく真っただ中にいながら、新しいビジネスの視点を持たなければなりません。するとやはり、先人の知恵や国内外問わず成功事例から学ぶことが大切ではないでしょうか。

２０４０年には65歳以上の人口がピークを迎えます。日本では男性より女性の平均寿命が長い傾向にあります。現在、女性人口で最も多い割合を占めるのが45歳から55歳です。これは２０２２年のデータなので、時間が経過し、２０４０年になれば今の50歳前後が65歳以上となり、人口の構成の中心になってくると考えられます。

今から私たちが考えるべきことは、この今の中高年層に向けた手厚いサービスを開発し、働きやすく、暮らしやすくする施策です。このマーケットは最大値です。

そして同時に若者に向けてどのような対策を打つか、この２軸で考えていく必要があります。

私は今、**女性マーケットの最大のターゲットは「50歳」**と言っています。ですから、現在50歳の人の子どもが成人してからの暮らし、そして途中で夫を亡くされる方も人口的に多いと考えられますが、彼女たちのマーケットに向けたサービスや商品はまだまだ足りません。

50歳前後がどのような世代かというと、ちょうど更年期にあたります。男性にも更年期はありますが、女性の更年期のほうが症状が強い傾向があるため、現・岸田内閣でも、更年期の実態調査に取り組んでいます。

これまで日本では、更年期の女性たちに対する研究が軽視されてきたため、実情がなかなか表に出てきませんでした。しかし、企業が女性活躍や健康経営を推進した結果、女性の健康課題にぶつかったことで、世の中の流れが変わった経緯があります。

私はそれら女性の健康課題を「ブルー」という概念で捉えています。女性は生涯「ブルー」を持っているので、企業はこれらの生き方を知ったうえで雇用することが重要だと話をしてきました。

◆女性の社会的課題、健康課題に対する商品が出てきている

実際にどのような商品が誕生しているかをお話しします。広告代理店の社員が開発した「FATHER'S NURSING ASSISTANT」という商品があります。これは、「妻が仕事をしている間に、代わりに授乳や寝かしつけができないか」と開発したデバイスで、赤ちゃんがお母さんのおっぱいを飲む状況を再現できる商品として大変話題になっています。

また、独身の男性が開発した、温度で色が変わる哺乳瓶「マジックベイビー」があります。これは、女性が手首のところに哺乳瓶を当てて、ひと肌の温度を確認していた光景がヒントになりました。適温になるとボトルの色が変化します。調乳が初めての人だけでなく、温度感がわかりにくい男性やお年寄りにも助かるアイテムとして爆発的にヒットした商品です。

先日、友人が「もう手放せないパンツに出会ったのよ」と教えてくれた商品があります。女性向けの情報誌「ハルメク」が医師と共同開発した骨盤底筋サポートショーツです。骨盤底筋は膣から下を支える筋肉ですが、出産経験のある女性の多くが50歳を超えた頃から失禁に悩まされています。このショーツは骨盤底筋を持ち上げるようにサポートすることで、外出時の尿漏れの悩みを軽減します。

「WELL WOMAN プロジェクト」の講師で登壇いただいているTOPPANエッジ開発の「わたしの温度」という商品もあります。就寝時に下着につけるウェアラブルデバイスで、毎朝基礎体温を測らなくても、自分の温度がわかり、スマホでデータ管理できるアイテムです。

「WELL WOMAN プロジェクト」では、グループワークとしてビジネスプランを考え発表していますが、第1期の発表の中の「にっこりスプーン」（258ページ）という商品は、夫や祖父母も簡単に月齢別の離乳食をつくることができる、アプリとも連携できるプロダクトを提案し、高い評価を得ました。できれば本当に実現してほしいと思える商品です。

ここで本項をまとめます。ポイントは4つあります。1つ目として、皆さんにはソーシャル視点の広がる中で、**「女性や子どもに優しい」観点を踏まえた商品やサービス**の企画に取り組んでいただきたいと思います。機械や車、サービスなどジャンルは問いません。女性や子どもに優しい商品やサービスは、結果として高齢者にも役立ち、「すべてに優しい」商品・サービスとなるからです。

2つ目に、**女性活躍は様々な女性の人生の歩み方を受け入れる**ことです。受け入れるための環境をつくることで、採用効果や離職防止や生産性の向上につながります。ですから、女性の人生と男性の人生の違いを理解する学習機会が必要です。

3つ目に、**生活消費においては〝共家事〟、〝共育〟などの「共」という部分を意識**してください。これは夫婦間だけではありません。例えば、地域の企業や近所の大人、高齢者たちが協力して、子どもへの虐待行動が発生してないかを見守る仕組みなど、地域を含めて社会で「共」に支える視点が重要になっています。

4つ目は、**既存の事業・サービスを中高年視点に置き換えてみて**ください。人口のボリュームゾーンは40代〜50代です。更年期による体調の変化はありますが、それを乗り越えた60代以降は大変元気な人が多いです。この人たちに向けた事業・サービス、もしくはこの人たちのニーズを大切にしてください。

そして、ビジネスプランを考えるにあたり、「グレートリセット」「アンラーン」という言葉をあげました。既存を見直すことからウェルビーイングを考えてください。

健康情報サービス「ルナルナ」が目指す女性の人生に寄り添うサービス

2022年7月20日 講演

PROFILE

日根麻綾
株式会社エムティーアイ　執行役員　ヘルスケア事業本部　ルナルナ事業部　事業部長

エムティーアイ入社後、新規事業立ち上げを経験した後、2012年にルナルナ事業部部長に着任。「カラダと向き合い、あなたに寄り添う。」というブランドビジョンを掲げ、女性が正しい知識と理解を持ってライフデザインをするためのサービスづくりに尽力する。

私たちが**女性の健康情報サービス「ルナルナ」を立ち上げたのは2000年**です。当時はもちろん、「フェムテック」という言葉はありませんでしたが、言葉が広まるにつれて、我々が進めている事業はフェムテックだと感じています。ここから、フェムテック事業の展開について、これまでの取り組みをご紹介していきます。

まず簡単に、弊社エムティーアイと「ルナルナ」について紹介します。私たちは女性向けに限らず、個人ユーザーや企業、自治体向けなど、様々な顧客を対象に、幅広いサービス・事業を展開しています。

エムティーアイは1996年に創業し、主にコンテンツ事業とヘルスケア事業を展開しています。**情報コンテンツを通して便利さや楽しさを提供しながら、ICTの力を使って世の中を一歩先に進めていくことをビジョンに掲げ**、音楽配信や天気予報などのコンテンツ、フィンテック分野でのソリューションなどを提供しています。

私が所属しているヘルスケア事業本部は、2012年に立ち上がり、デジタルヘルスやメディカル領域に事業を拡げており、そのひとつが女性向けの健康情報サービス「ルナルナ」です。

私は2006年にエムティーアイに中途入社しました。2012年までは100%子会社の広告代理店で、エムティーアイの様々なサービスの広告宣伝やプロモーション戦略の立案に携わっていました。その中で「ルナルナ」の担当になり、CM制作やマーケティングにも携わっていましたが、2012年に本社へ戻り、「ルナルナ」事業部のサービス全体を統括しています。

「ルナルナ」は2000年にサービスを立ち上げました。23年ほど経ち、無料のアプリダウンロード数は累計1900万を突破しています（2022年12月時点）。日本の月経人口が推計2500

万人強ですので、非常に多くの女性に使っていただいていると、改めて感じます。20年以上サービスを提供する過程で様々なデータや利用者の声を収集し、新しいサービス展開に活かすことを繰り返してきました。

◆「ルナルナ」の普及と機能の拡張

「ルナルナ」の歴史について振り返ると、2000年から2010年までが立ち上げ期にあたると考えています。2000年当時はガラケー全盛時代で、当時の携帯電話の三大キャリアに公式サイト化を相談したところ、「生理を扱うサービスを公式化するのは難しい」と断られるケースが続き、最初はひとつのキャリアのみでのスタートでした。

その後、男性決裁者が多い社内で女性の課題やサービスへの理解を浸透させづらく、すべてのキャリアで公式サイト化されるまで8年ほどかかりました。

立ち上げから8年後にようやく三大キャリアに公式採用され、リリースしてみるとどんどん会員数が増えていきました。「ものすごくニーズがあるのでは」と会社としても期待が膨らみ、そこから広告宣伝費や投資を拡大し、サービスを広げていきました。2011~2012年頃までは会員数を拡大し、認知を上げていくフェーズでした。

2012年には、特に若い世代のスマートフォンへのシフトが一気に加速しました。それまではキャリアの公式サイトとして月額会員サービスのビジネスを展開していましたが、スマートフォンが普及すると世界中のコンテンツが競合になり、「無料アプリ」が一般的になりました。

そこで、当時としては大きな意思決定でしたが、**ルナルナの基本機能をすべて無料化したアプリをリリース**しました。従来の会員ビジネスから多数のユーザーを抱えるプラットフォームへとシフトしたのです。無料ユーザーではあるものの、桁違いにユーザー数が増えたのがこの時期です。それにより、ヘルスデータを収集したデータ活用や広告モデルを整備し、有料コンテンツも「プレミアム」の形でビジネスモデルを変えていきました。

一般向けのサービスとして、メインは「**生理日の管理**」で、月経日を入れると排卵日や体調を予測しお知らせします。妊活中の方に向けては、妊活サポートとして、独自のアルゴリズムによって算出した、利用者の生理周期に合った〝妊娠可能性の高い日〟を予測しています。約300万人のビッグデータから月経周期と排卵日を解析すると、いわゆる「オギノ式」の計算とは少しズレが生じることもわかっています。

また、必ずしも排卵日にセックスをすれば妊娠確率が上がるのではなく、そこも月経周期によって若干変動します。「ルナルナ」では実際に妊娠に至った方のデータを解析しアルゴリズムとして実装することで、その人により合った予測が可能になっています。

現在、「ルナルナ」を使って「妊娠した」と報告してくださる方が、年間で28万から30万人ほどいらっしゃいます（2021年1月1日から12月31日までに、「ルナルナ」各サービス内で「妊娠中ステージ」に切り替わり、一定期間以上の継続が認められた回数）。また、妊娠・出産後のサポートとして「**ルナルナ ベビー**」というサービスも展開しています。このように、女性のライフステージに合わせたコンテンツを提供し、初潮から閉経まで寄り添っていくサービスを提供しています。

これまでは、女性と「ルナルナ」はいわば「1対1」の関係性で、半径30センチの範囲に寄り添ったコンテンツを提供してきました。しかし、やはり女性の健康により真摯に向き合うとなると、個人で活用するアプリやサイトだけでは完結できません。婦人科や医療の力を連携させることが重要ではないかと考えるようになりました。

そこで、2017年頃からは、「**ルナルナ」の健康プラットフォームを婦人科医療と連携させる**取り組みをはじめ、今に至るまで力を入れています。その第一弾として女性と医師をつなぐサービス「**ルナルナ メディコ」を**立ち上げました。

「ルナルナ」は、月経日だけではなく毎日の基礎体温や、妊活をしている方であれば体調やセックス日など様々なデータが記録されています。不妊治療で婦人科に通院している方は、「ルナルナ 体温ノート」などを活用して基礎体温を記録・データ化している方も多いのですが、クリニックを受診するために基礎体温をまた紙に書き写して持参しなければいけないケースも少なくありませんでした。多くの人がこの作業を「写経」と呼んでいるとも聞き、負担になっていることがわかりました。

クラウドベースでデータをお預かりしているのであれば、そのデータを医師が見られるようにできれば双方の負担を減らせます。そこで、「ルナルナ　メディコ」では利用者の同意のもと、データを提示するための番号が発行され、受診時に医師に伝えれば、**医師は手元のタブレットやPCから患者さんの過去のデータすべてを見られるようになりました。**

利用者からは「非常に役に立った」と声をいただき、先生方も「小さいスマートフォンの画面を見たり、患者さんが紙を忘れたりということもなくなり、基礎体温の計測も続くようになった」と非常に好評をいただいています。

加えて、弊社のグループ会社で**クラウドの電子カルテ事業**を展開する「**クリプラ**」では、**産婦人科版電子カルテ「クリプラ　ルナ」**を提供しており、ここからも「ルナルナ　メディコ」のデータが呼び出せます。「クリプラ　ルナ」を導入している産婦人科では、患者さんが来たらボタンを押すだけで、その患者さんの日々のデータを簡単に見られるような環境も構築しています。

また、「ルナルナ　メディコ」では、**医師が診療時の指導内容を書き込むことができます。**患者さんも手元の「ルナルナ」から情報が見られるようになり、双方向でデータをやり取りすることができます。

2017年から少しずつ機能を進化させ、現在全国で1000軒を超えるクリニックに導入いただきました。どの都道府県でも必ず1施設は「ルナルナ　メディコ」が使える環境をつくれるよう営業活動をしています。

また、2019年からは「**ピルモード**」を新たに搭載しました。これまでルナルナは月経管理が軸だったため、月経がない方、つまりピルを服用している方は利用対象外でしたが、これからはピルを飲む方も増えていくだろうと予測しています。一方で、低用量ピルの服薬は継続が難しい方もおり、「ルナルナ」の調査では、半数程度の方が離脱してしまうという結果も出ていますが、医師がサポートしていく機能も搭載しています。

◆産婦人科医との連携から広がるサービス

婦人科医療との連携として、2022年7月より、**スマホでオンライン診療と低用量ピルの処方を受けられるプラットフォームサービス「ルナルナ おくすり便」**のサービスを開始しました。女性特有の健康課題として、月経にまつわるPMS（月経前症候群）にはじまり、月経中の痛みや月経不順などがありますが、これらに対する有効な解決策のひとつが低用量ピルだと思います。

日本においては、婦人科のかかりつけ医を持つ女性が少ない印象です。定期的な婦人科受診のハードルを下げ、より気軽に受診できるオンライン診療で先生の診断を受けて、ピルの処方が受けられるサービスをつくりました。ただ、一度に1年分を処方されてもお金がかかりますし、薬との相性もあるので、決済と配送はサブスクリプション型のサービスとして、毎月1シートずつ弊社の連携病院が配送しています（2023年4月現在、服用経験者であればまとめて6シートを受け取ることができるプランも提供しています）。

また、病院に行きづらい環境でも、気軽に先生に相談したり検査結果を聞いたりできるよう、グループ会社では、産婦人科に特化した「**ルナルナ　オンライン診療**」も提供しています。「ルナルナ」のアプリ上で一部の医療施設の検索と予約ができ、診療・検査結果の確認や薬の受け取りまで、自宅にいながら完結できるサービスです。特にコロナ禍においては利用者が非常に伸びました。「ルナルナ　オンライン診療」は、医療機関にシステムを導入し利用料をいただくビジネスモデルですが、これを応用して、**企業の福利厚生としてのオンライン診療・処方サービス**も提供しています。

このサービスは、2020年の1月にエムティーアイにてサービスを試験的に開始しました。弊社の女性社員向けの福利厚生制度として、オンライン診療のピル処方や配送に関わる費用すべてを会社が負担する。つまり女性社員は何の負担もなく、忙しい中でもオンラインで受診できて、毎月ピルが届く実証を、まず弊社がチャレンジしたわけです。

実際に、制度を利用した女性社員の満足度は高く、プレゼンティズムも非常に上がった結果となりました。これを受けて、月経トラブルにはピル処方、妊娠を望む人には妊活、不妊治療のオンライン相談、更年期であれば漢方等のオンライン処方など、企業が女性従業員のライフステージに合わせてサポートできる仕組みをBtoB事業として開発しました。様々な実証を経て、丸紅株式会社と弊社のグループ会社の株式会社カラダメディカ、および弊社で、2022年7月1日からジョイントベンチャー「LIFEM（ライフェム）」を立ち上げてサービスとして提供しています。

◆社会の変化を後押しする

様々な「ルナルナ」ブランドのサービスを提供してきた根底には、我々のミッション

「すべての女性に寄り添い、
社会の変化を後押しすることで、
女性の幸せの実現に貢献する」

というものがあります。

このミッションは、2012年に私が着任した時にメンバーと話をしながら策定しました。その時は1行目と3行目の言葉のみでしたが、2020年に「ルナルナ」生誕20周年を迎えるにあたっ

て、事業部メンバー13～15人と約60時間にわたり、ミッションとビジョンの議論を重ねてきました。

「我々はこれからどうあるべきか」と話し合った結果、加わったのが2行目の「社会の変化を後押しする」です。我々は長年女性の健康に向き合っていましたが、人によって「健康になりたい」「不健康にならないために予防をしたい」、あるいは「子どもを授かることを目指している」など、ゴール設定やライフステージは様々です。最終的には自分らしく生きるその先にその人なりの幸せがあります。もともと我々のミッションは「幸せの実現に貢献する」でしたが、**女性に向き合うだけでは足りない**という意見も出ました。

そもそも世の中の半分は男性です。**女性の健康への理解が社会全体で育まれることで初めて、女性が自分の生き方を選択でき、自分らしく生きるために我々のようなサービスを選択できる**のではないかという議論になりました。

2019年以降、ウェルビーイングや女性の健康に注目が集まっている状況の中で、我々はそれをさらに後押ししていくような活動をするべきだと、2020年にミッションを改定した経緯があります。

現在のミッションに基づき、様々な事業展開をしていますが、現在推進しているのが「**女性の心**

身の悩みと男性の理解」です。ミッションをアップデートした2020年、**社会の変化を後押しする取り組みをはじめようと新プロジェクト「フェムケーション」を立ち上げました。**

フェムケーションは「**フィメール**」と「**エデュケーション**」**を掛け合わせた造語**で、女性の身体と心に関する理解の浸透を社会全体に広げるプロジェクトです。理解が育まれれば、そこに寄り添いが生まれると信じています。まずは「知る」ことからはじめようと、CSR活動の一環としてコンテンツやセミナー・プログラムの提供を進めています。自社だけの取り組みで完結せず、社会を巻き込んでいきたいという狙いもあり、賛同くださる企業やブランドとコラボレーションしながら活動を続けています。

活動のひとつとして、2021年11月、「フェムケーション白書vol・1」を発表しました。「ルナルナ」では女性を対象にした調査リリースを50本ほど発表してきましたが。これらの調査でフォーカスしたのは男性です。**男性が女性の身体と心の変化をどの程度認知・理解をしているのか、**実態を調査しました。白書からいくつか抜粋して紹介させていただきたいと思います。

まず、「ルナルナ」ユーザーの女性約3800人に実施したアンケートでは「月経前症候群（PMS）の症状を感じたことがある」人が約95％にのぼりました。生理のしんどさというと生理痛を思い浮かべる方が多いと思いますが、ＰＭＳも非常に経験者が多い症状のひとつでしょう。

ＰＭＳはホルモンの分泌の変化によって、月経の前の黄体期に様々な症状が現われる現象です。ＰＭＳを男性がどれぐらい理解してるか聞いてみると、「他人に説明できるほど理解している」は３・５％、「なんとなく理解している人」を加えても2割程度でした。やはり非常に認知度・理解度が低いテーマであることがわかります。

一方で、生理について聞いてみると、ＰＭＳよりは理解は深く、約半数が「自信を持って説明できる」「なんとなくは説明できる」でした。しかし、もう半分は「まったく説明ができない」「あまり自信を持って説明できない」という回答でした。興味深いのは、女性との交際経験別でアンケート結果を再分析してみると、女性との交際経験がある方や既婚の方ほど理解をしている、人に説明できる傾向がありました。女性のパートナーが身近にいる人ほど理解が高く、**男性の多くは身近な家族・パートナーから知識を得ている**のではと推測できます。

「説明できる」と答えた人に「生理について正しく学ぶ機会があったか」と聞いてみると、**半数以上が「あまり学ぶ機会がなかった」「まったく学ぶ機会がなかった」**と回答しました。説明できる人であっても大半が「学ぶ機会がない」と答えていることからも、社会の中に男性が学べる機会がもっとあっていいのではと私たちは感じています。

学ぶ機会があった人となかった人に、「女性から生理に関連することで理解や助けを求められた際に、どのような対応が取れると思いますか？」と聞くと、学ぶ機会があった方ほど「話を聞いてあげて、寄り添ってあげる」「具体的サポートが必要か聞いて、対応する」と回答されています。

この結果からも、やはり知ることから寄り添いが生まれると思いますし、まずは知る機会を提供することが、非常に重要だと思っています。

それから、今回の調査で非常に興味深いと感じたデータは、女性特有の健康課題について、「社会にとって積極的に解決すべき課題だと思いますか？」の質問に対して、**女性特有の課題をカバーする福利厚生制度が充実している会社に勤めている人ほど、「非常に思う」の回答率が高い傾向にある**という点です。

また、同じ比較で「女性特有の身体の仕組みについて、男女関係なく学ぶことが必要だと思いますか？」との質問に対しても、福利厚生制度が充実している会社に勤めている人ほど「とても必要だ」と答える人が多くいました。これは非常に有意な差だと捉えています。

現在、男性が女性の身体の仕組みを学ぶ機会は、第一に学校教育、第二にパートナーや妻、母や姉妹などの身近な女性の存在があると思いますが、「フェムケーション白書」の結果からも第三の学び場として、職場が新しく知る機会を提供する非常に重要な役割を担っているのではと我々は考えており、セミナー等を一生懸命に開催しているところです。

一方で、男性に「生理について会話した結果、困ったことはありましたか？」と聞いたところ、特に職場においては**「セクハラにならないか不安になった」**との回答が多くあがりました。男性としても問題の取り扱いに慎重になりながら過ごしていることが非常によくわかる結果でした。

◆「ルナルナ」から見たフェムテック市場

最後のテーマ、「ルナルナ」から見たフェムテック市場の盛り上がりについてお話しします。

２０００年から「ルナルナ」をスタートして、明らかに生理に対する社会の風潮が変わったと感じたのは２０１９年です。この頃はまだ「フェムテック」という言葉が日本には浸透しておらず、当時は「生理元年」と呼ばれていました。今、振り返ると、２０１９年が日本における「フェムテック元年」だったのではと現場から感じています。

経済産業省の「健康経営」にも「女性の健康」がテーマに追加されましたし、同時期に月経随伴症状による労働損失が約５０００億円というショッキングな調査結果も発表された頃です。

２０１９年は、女性のヘルスケアやセクシャルに特化した先進的なサービスや商品がいくつもリリースされ、「ルナルナ」へも多くお声がけをいただきました。

非常に印象に残っているのは、２０１９年11月に、大手百貨店が新設した**女性のリズムに寄り**

添った商材を取り扱う百貨店初の常設売り場で、「ルナルナ」もメディアパートナーとして参加しました。一見、女性の健康やフェムテックとは関係が遠そうな百貨店がチャレンジしたことは、我々としても非常に印象的な出来事でした。

また同じ2019年11月、生理をテーマにしたマンガが実写映画化されるなど、生理が社会の表舞台に出てきた年だと感じました。

2020年以降は、フェムテックへの参入企業が大きく増加しました。当時、フェムテックの代表商品だった吸水ショーツを例に出すと、大手アパレル企業が参入したこともあり、それまでは単価6000~7000円と、一般女性が手に取るには少し高級な価格帯でしたが、一気に大衆価格に下がり、さらに市場が活性化したと感じています。

また、スタートアップによるサービスが多数ローンチしたり、**経済産業省のフェムテック等サポートサービス実証事業補助金制度**ができたりと、市場参入しやすい環境が整ってきたと思っています。そのような社会的背景も受け、2020年、2021年は多くの参入企業からお声がけをいただいて、ご一緒したり議論させていただいたりする機会が本当に増えました。

2022年に入ると、フェムテック市場に参入する企業規模はさらに大きくなっているように感じます。**とにかく大手企業が多数参入し、大手のメーカーや商社なども2021年の後半頃からか**

なり増えています。またメディア側も、それまで女性誌で小さく特集していたイメージがありましたが、2021年の後半から2022年にかけてテレビや新聞など様々な媒体で大きな特集が組まれるようになっています。

このような動きを受け、2022年2月、「ルナルナ」でフェムテックに関する認知度調査を実施しました。「ルナルナ」のユーザーでも、「フェムテックを知っている」「言葉だけ知っている」と回答した方は3割に留まりました。「意味も含めて知っている」は約15%です。利用しているサービスについても従来からある生理予測アプリがメインを占めていて、現段階としてはフェムテックは業界側で先行して盛り上がっている状況かと思います。

ただ、**「ルナルナ」ユーザーのほとんどが、フェムテック市場の拡大を「非常に好ましい」と好意的に捉えている点**はチャンスであり、社会全体の動きとしても喜ばしいことだと思います。

一方で、「フェムテックサービスや商品を選ぶ際に、困ったり悩んだりすることはあるか」という質問に対しては、「とてもある」が1割弱、「ある」が約半数と、過半数の人が悩みをともなっている実態が明らかになっています。どのようなサービスを選んでいいかわからない、本当に効能・効果があるかわからないと悩んでいる女性が少なくないという点が今後の課題になると感じています。

ここまでの「ルナルナ」と弊社の事業の例が皆様のご参考になれば幸いです。

女性のリプロダクティブ・ヘルスと世界のフェムテック事情

2021年10月6日 講演

PROFILE

森田敦子　株式会社サンルイ・インターナッショナル　代表／株式会社Waphyto　代表

フランス国立パリ第13大学で植物薬理学を学び、帰国後、植物研究に基づいた商品とサービスを社会に提供するため、デリケートゾーン＆パーツケアブランド「アンティーム オーガニック」の処方・開発や、「ルボア フィトテラピースクール」を主宰。著書多数。

シモーヌ・ヴェイユというフランスの哲学者がいます。彼女は、日本で「FemTech」（フェムテック）という言葉が言われるようになるはるか昔に、「いつか女性たちが世界中で新たな時代を切り開く。そして、人類の幸福、ウェルネス、ウェルビーイングを目指す。そんな時代が来ると私は確信します」という言葉を残した人です。

私は23年前に株式会社サンルイ・インターナッショナルを設立しました。遡ること28年前、私はフランスのパリ第13大学医薬学部の専門課程でフィトテラピー（植物療法学）を学びました。教授陣は婦人科や薬学、植物の理科、科学だけではなく、性科学（セクソロジー）の専門家もいました。これが現在、私が取り組むデリケートゾーン商品の開発のきっかけとなっています。フェムテック、フェムマーケットを通して女性の明るい未来を創造していけたらと考えています。

大学で私は、婦人科医であるベランジェール・アルナール教授に師事しました。彼女が教鞭をとっていたのは、フィトテラピーだけでなく、セクソロジーもありました。これは、いわゆるデリケートゾーンだけではなく、**女性の身体全体をテクノロジーと捉え、女性が長い年月、健康で元気に生きていくためにはどうすべきか、さらに、病気になってから治療するだけではなく、病院に行く前にどうしたら自分の健康を守れるかを研究テーマ**としていました。

１９６５年にパリ第13大学医薬学部を設立したピエール・コルニオ外科教授は、人はどうしたら病院を受診せずに身体も心も健康でいられるかを研究されていました。そのひとつの領域が**植物を「食べる」「香る」「塗る」行為を医学の道に取り入れた「フィトテラピー」**です。氏が亡くなられた今でも世界中から生徒が集まっています。

◆フェムテック関連商品の必要性を感じて

私は現在、フィトテラピーの学校を運営する傍ら、植物の機能性成分を用いたデリケートゾーンケア商品の開発・販売を行なっています。8年前、初めて百貨店で商品を販売する際には、60名の販売員さん全員が「売りたくない」という反応を示しました。それもそうです。「膣」や「デリケートゾーン」という言葉すら、なかなか口にできないほどの時代だったからです。

「リプロダクティブ・ヘルス」と呼ばれる妊娠・出産・月経、セクシャリティなどには、すべて膣まわりが関係します。これらは女性のヘルスケアには不可欠なものです。これらにふたをしてしまう風潮があったがゆえに、女性の健康問題や不妊、痛みをオープンに話しにくい文化がありました。そこで私は、海外に知識と技術を求めたのです。

百貨店の販売員さんには、商品の説明だけではなく、性科学の話「なぜこういうものが重要なのか」を説明しました。その過程を経て共感が生まれたのだと思っています。

一般の方々に知っていただくためには啓蒙が重要です。私はこれまで植物に関してやセクソロジー、膣まわりのケアに関する本を4冊ほど出版し、合計で20万部のロングセラーとなっています。書籍では、デリケートゾーンをケアすることによって、女性の2人に1人が経験すると言われる子宮脱や内臓脱、月経痛が非常に軽減されること、性交痛の痛みや蒸れ、かゆみの悩みを解決することについても触れています。

書籍がきっかけとなり、全国各地で講演し、年間1万人の方とお会いしてきました。参加者の中には**「性や痛みの問題を他人に話しにくい」「自分が感じていることはよくないことなのでは」**と、悩みを抱える女性が大勢いることがわかりました。ヨーロッパで得た性科学の知識をもとに出版した本が、多くの女性の共感につながったと感じています。

フィトテラピーと性科学、植物療法の素晴らしさを13年かけて話していく中で、今や年間3000人がフィトテラピーを学ぶようになりました。特にここ3年は、20代から70代まで、幅広い方が学んでいて、コロナ禍においては受講者が10倍ほどに増えました。スクールの運営を通して、妊娠・出産、マタニティのこと、健康であるために必要なこと、そして女性たちが何に悩んでいるのかを手に取るように理解することができています。

長くお付き合いのある伊勢丹新宿店で、2021年3月にはフェムテックのポップアップイベント「センシュアル・ライフ〜わたしと向き合い、あなたとつながるフェムテック〜」を共同開催しました。参加企業と話し合い、この商品がなぜ必要なのか、使うことによってどんなハッピーとウェルビーイングが起こるのかを詳しく聞き、イベントスペースにフェムテックの商品を展示しました。7月には2回目が大成功しました。

会場に並んだのはランジェリーやデリケートゾーン商品、サニタリーパンツ、サプリメント、膣まわりをキュッと締めるアイテムやオーガニックのナプキン、タンポンなど様々なアイテムです。もっとフェムテック商品の企画・開発が必要だなと実感したイベントでした。

売り場には女性ならではの商品を置いただけでなく、15分間のカウンセリングも提供しました。定員24名で募集したところ、定員の何十倍もの方が応募してくださいました。そして、抽選で選ばれた24名一人ひとりの悩みや生の声を聞くことができ、新たなニーズも見えてきました。デリケートゾーンや生理、PMS（月経前症候群）の商品だけではなく、サニタリー商品やベビーとママのケア製品、ライフスタイルに関わるものなど、健康全体を通した商品がより必要だと思っています。

商品の一例として、出産後、膣のゆるみに悩む方が多くいますが、それを解消する膣のトレーニングボールはとても人気で、2日で完売してしまいました。膣圧がどうなっているのかを計測する機器も非常に人気です。価格は4万円ほどでこれも完売でした。吸収ショーツも、初めは「反対」と言う方も多いのですが、なぜ必要なのかを丁寧に説明するとその場でご購入くださいます。

そして、こういった商品を開発すれば終わりなのではありません。きちんとした**啓蒙と認知の共感**をしっかりと得ること、そして**流通**の重要性も学ばせていただいたイベントでした。俳優の長谷川京子さんがこのイベントに来場され、「女性のウェルビーイングを目指すランジェリーを一緒にやりましょう」とお声がけをいただき、新たな取り組みもはじめています。

現在弊社では、「フェムテック・ウェルネスメディア」と称して、婦人科の先生を交えて商品の情報や理論を発信しています。

人生100年時代と言われる今、私たち女性が生きるライフステージには、初潮、妊娠、そして出産、更年期、閉経、老年期と、いろいろなライフイベントが続きます。私たちの身体に関係するフェムテックという言葉ですが、女性の身体の課題に対してテクノロジーのある商品をどうつくるかではなく、**私たちの身体、女性の身体にこそテクノロジーがある**と思っています。

女性は胎児の頃から何百万もの原始卵胞を持ち、10代から月経がはじまります。このような自分の身体の中にある繊細なテクノロジーと向き合うことこそ、本当のフェムテックの原点ではないかと考えています。イベント開催を通して、今後はマタニティや食品、化粧品分野のマーケットがどんどん拡大していくと実感しました。

◆女性のウェルビーイングの軌跡

フェムテックという言葉の広がりの背景には、「#Me too 運動」や働く女性の増加による可処分所得の増加、テクノロジーの進化とクロステックな世界的ブームがあると思います。

婦人科に行きたがらない女性もまだまだ多いです。病気になってからではなく、その入り口である予防や未病も巨大なマーケットです。今、日本の女性の閉経年齢は50歳です。こういった方々が健康で元気でいるには、まだまだいろいろな研究・開発が必要です。性差のヘルスケアの関心の高まりや、女性起業家の登場、ベンチャー支援の高まり。これらが、フェムテックをより加速させていくでしょう。

「いつか女性のウェルビーイングを実現したい」と言ったフランス人劇作家のオランプ・ド・グージュは、フランスにおける女性の人権宣言をした人として知られています。

また、シモーヌ・ド・ボーヴォワールというフランスの哲学者・作家がいます。私が20年前にフェムテック、デリケートゾーンの商品開発に携わろうと決めたのは、この方の本がきっかけでした。「人は女に生まれるのではない。女になるため。そして、何よりも女性はもっと主体的に、健康であるべき。妊娠があり、出産があり、次の世代をつくっていくからである」。この言葉が私に響きました。

アメリカ合衆国の看護師であり産児制限活動家だったマーガレット・サンガーも同様のことを言っています。

冒頭にお話ししたフランスのシモーヌ・ヴェイユは激しい議論の末、人工妊娠中絶の合法化の枠組みを定めた「ヴェイユ法」を生み出しました。

そうして、デンマーク人の女性起業家イダ・ティンさんの「フェムテック宣言」につながるわけです。その後、女性のリプロダクティブ・ヘルスをタブーから解放したこの言葉は日本にも波及していきました。これを単なるブームにせず、女性のウェルビーイングをストーリー化して、そこに論理を持たせ、商品を流通に乗せて成功に導くことが大切だと語っています。

◆海外の動向

女性のウェルビーイングの実現のための施策について海外の事例を紹介します。アイスランドでは女性の休日が多くつくられていて、育児休暇が徹底されています。また、フェムテックにおいてはノルウェーがトップクラスです。男女平等だけではなく、「パパ・クオータ制」と言って、男性が育児に加わるための商品開発が盛んな国です。

フランスには「パックス」という制度があります。これは、男女あるいは異性の成人2人がパートナーとして共同生活をするための契約で、結婚制度と同じ権利が得られます。そして、フランス語には、同等や同量を意味する「パリテ」という法律用語があります。これは国民が健康で元気であるために、結婚だけではなく生まれてくる子どもたちの妊娠・出産もしっかりと法律で守る仕組みです。

ドイツではメルケル元首相が女性のワークライフバランスを考え、政府、労働者団体等が一緒につくった「WLB法制」があります。

コロナ禍以前はヨーロッパ中をまわり、フェムテック業界でどんな商品開発が注目されているかを視察していました。特筆すべきは5つのトピックス、「リプロダクティブ・ヘルスケア」「セクシャルヘルスケア」「マタニティ（妊娠・出産）」「食を含めたヘルスケア」「メンタルケア」です。

最後に、世界のフェムテック商品を少し紹介します。

アメリカでは、吸水ショーツやウェアラブル授乳器、骨盤のリハビリテーションデバイス、妊娠管理のソフトウェアなどが多く開発されています。

イギリスでは健康管理のモバイルアプリが大変人気です。オーガニックナプキンとか生理用品、避妊のピルの比較サイト、オーガニックタンポン、オーガニック食品やサプリメントも多く研究開発されている最中です。

フランスでは、月経周期管理のアプリや子宮内膜症の診断が1分でできる機器が出ています。最近では膣トレーニング機器があり、妊娠・出産、マタニティケア、ランジェリー、食品などが続々と登場しています。

スイスにおいても妊娠・出産が増えていて、ヒト胚のスケールで化学分析を可能にする機能的共同（微視的核磁気共鳴）デバイスなども出てきています。

ドイツでは、医療機器として膣まわりのクリトリスの吸引式バイブレーターがあります。今は卑猥なものではなく、私自身もなぜこのクリトリスという臓器があるのかを啓蒙しているところです。

スウェーデンでは妊娠・出産の管理アプリが一番人気です。

デンマークにおいては女性ホルモンにまつわる商品、オーガニック月経カップ、そして食品やサニタリー商品が多く出ています。

そのほかオーストラリア、オランダ、イスラエル、エストニアなど多くの国が、日本以上にフェムテック商品を開発し、そこに論理を持たせて販売しています。

彼らは「どこで売るのか以前に、ストーリー性とブランディング、熱い想いを教育に乗せるかがとても重要だ」と話します。

ただ優れたものや技術があればいいわけではなく、ユーザーが「幸せだ」と感じる想いや感情に寄り添ってあげることによって、本物の商品開発が長く続くのではないかと考えています。

楽しい食のセルフケア文化を創るフードウェルネスブランド「GREEN SPOON」

2021年10月6日 講演

PROFILE

呉嶋友紀　株式会社Greenspoon 商品開発責任者

GREEN SPOONの企画開発の領域を担務。新卒でサイバーエージェントへ入社しABEMA事業に配属。その後テレビ朝日、NewsPicksを経て現職。

GREEN SPOONは「**自分を好きでいつづけられる人生を**」というビジョンの実現を目指して、自分の身体や生活習慣に必要な野菜・フルーツをスムージーやスープ、サラダ、主菜にしてお届けしているウェルネスブランドです。

日々の食事を通じて頑張った自分を労わったり、自分を大切にしたりする時間を持つことが人生の幸福や自己肯定感につながっていくと信じて、これまでに100近くのレシピをリリースしてきました。セルフケアの習慣が社会の文化になるよう、プロダクトの手軽さや便利さに加え、体験としての「楽しさ」にもこだわった商品開発を行なっています。

ＩＴ業界やメディア業界でキャリアを積んだ私がＧＲＥＥＮ ＳＰＯＯＮに参加したきっかけは、「自分が本当にほしいものが見つからなかった」という食への課題感にあります。入社以前の私は、それこそ食べるどころか寝る間も十分にないような忙しい日々を送っていたこともあり、自分自身の生活習慣や健康に対して強い問題意識を抱えていました。仕事の合間で効率よく空腹を満たすために様々な食サービスを試してはいましたが、私にはどれも長くは続きませんでした。どうしても〝満たされた〟気持ちになれないのです。

結局は、**「おいしいこと」「自分によいことをしている実感」などといった、数値では表わせない食の充足感が、自分にとってはとても重要な意味を果たしている**のだと考えるようになりました。そんな自分の〝本当にほしい〟という気持ちを追求していくことがＧＲＥＥＮ ＳＰＯＯＮの商品開発の原点になっています。

◆GREEN SPOONの商品開発

ＧＲＥＥＮ ＳＰＯＯＮでは現在、野菜とフルーツが手軽に摂れるスムージー、ゴロゴロ食材の具だくさん野菜スープ、２分の１日分の野菜が詰まったサラダ、野菜とたんぱく質がしっかり入った主菜メニューなど、商品質な野菜を中心にした商品ラインナップを展開しています。商品カテゴリーは今後も拡張していく予定です。**目指しているのは「おいしくて、簡単で、ヘルシーで、楽しい」こと。**お客様にワクワクしていただけるような、野菜たっぷりの1食をお届けしています。

また、原材料は約200種類ほどの調達を行なっており、すべてのレシピは管理栄養士の監修のもとで開発をしています。保存料、合成着色料、合成甘味料、発色剤といった自分たちが避けたいと思う添加物は一切使用していません。野菜をはじめとした食材の鮮度やレシピの風味を高品質に保つために冷凍処理を行ない、冷凍食品の規格で販売を行なっています。

自分たちが本当にほしいものを目指していくと、類似品や前例がない独自の商品設計に向き合うことになるわけなのですが、そうするとどうしても原価が高くなってしまいます。結果的に一般的に流通している商品よりも高い売価設定にせざるを得ませんでした。創業初期は、協力工場や原料調達といったサプライチェーンの構築のため、様々なパートナー企業の担当者と交渉を行なっていましたが、前例がない商品だからこそ「そんな商品はつくれない」「食品はネットじゃ売れない」など、厳しいお言葉を頂戴することもあり、まさに前途多難な商品開発でした。

そんなチャレンジングな環境で生まれたGREEN SPOONはリリース以降、**SNSでたくさんの投稿をいただいたり、販売開始から1年10カ月で100万食の販売を達成したりと、予想以上**

の反響をいただくことができました。自分たちのこだわりや強い意思が新しい市場を創造していける、ということを身をもって体感したのを覚えています。

よく、「熱量がある」「魔法がかかる」というような表現をプロダクトに対してすることがありますが、私はつくり手のこだわりがレシピや原材料、そして製造の細かいレベルまで落とし込まれた先に、そうした人の心を動かす感動というものがあると信じています。

そうした商品は自社だけでなく、製造工場や原材料調達の商社など、多くのパートナー企業との協業と担当者の尽力によって生み出されています。一つひとつのこだわりを実現していくために、多くの関係者と深いリレーションを構築していくことも、開発者としては重要なことのひとつだと考えています。

◆「野菜がおいしい」を当たり前にするための体験づくり

最近はコンビニでも惣菜メニューが充実していたり、野菜ジュースなどで手軽に済ませたりする人も少なくないと思いますが、皆さんは野菜に対してどんな感情を抱いているでしょうか。

「野菜自体が好き」という人も増えてきていると感じますが、それでもまだ多くの人が「摂らなきゃいけないもの」という、やや義務的な感覚を野菜に対して抱いているのではないでしょうか。

お肉や甘いものを見て反射的にお腹が空いたり、テンションが上がったりする現象を野菜に対しても、どうにかこうにかして巻き起こしていくことが、私たちの仕事のひとつだと考えています。魅力的だと思ってもらえるレシピ開発を通じて「野菜はおいしい」を当たり前にしていく、そんな理想をＧＲＥＥＮ ＳＰＯＯＮの商品企画の軸として捉えています。

ＧＲＥＥＮ ＳＰＯＯＮでは、とにかく数字だけで単純に語れない**「野菜を食べる実感」を機能性以上に大切に**しています。そして、野菜を食べているという実感を通じて、健康的で自分によいことをしている体験になっているか、というところまでを確認しながら商品のつくり込みを行なっています。

こうした感情や実感に基づく要素は、なかなか論理だけでは説明ができない部分もありますが、あえて分解をするなら、味（「おいしい！」という感動があること）、多様な種類の食材がある様、手に取った時の重さ、野菜がゴロゴロしていること、食べ応えや咀嚼の回数、お皿へ移す際の見た目、食べた後に重たくならない・疲れない味の濃さ、などがあげられます。

その商品がお客様にとってどんな体験をもたらしているのか、それが「野菜を食べる実感」につながっているかを細かくチェックするようにしています。そしてこれは個人的な指標なのですが、最終的には**「野菜で満たされる幸せ」を感じられるか**をポイントに据え判断をすることが多いです。

もちろん、スープやサラダなどの各商品は、野菜が摂取できる量や栄養面での数値目標も掲げてはいますが、野菜を口に運んだ時の重みや、お皿に出した時にカラフルに広がっていく様子など、「野菜を食べている！」と実感できる体験、平たく言うと**健康を理屈よりも情緒面で感じてもらえるかどうか**が、GREEN SPOONの商品づくりの根幹にあると考えています。

原価や製造工程の限られた条件の中で、こうした情緒の部分と機能性をいかに両立していくかがGREEN SPOONのプロダクト開発で難しさを感じるところでもあり醍醐味でもあります。

◆お客様と共創するサービス開発

D2Cはお客様と直接の関係構築ができるというのが強みですが、GREEN SPOONでもそうしたお客様との近い距離を最大限に活かし、お客様ファーストのサービスであることを常に心がけています。

生の声を直接フィードバックとしていただけたり、購買における細かな情報から課題を発見できたり、D2Cという業態も最近では随分と一般化したように思いますが、これまでの小売を主軸にした販売では得られないようなサービス・商品開発ができるというのは小さく濃くはじまるスタートアップにとってよい環境であることは間違いないと思います。

例えば、お客様の反響をもとに包材タイプの切り替えを行なったことがあります。これは、当時お客様からの直接のフィードバックがあったからこそ、普通では起こり得ないようなスピードで改善が実現できたひとつの例です。

現在は、カップとパウチの2タイプ展開をしていますが、サブスクリプションのお客様には基本的にパウチタイプでのご案内をしています。サービス開始当初はカップタイプのみを展開していましたが、「冷凍庫内でかさばるので困る」というお客様の声をいただいたことがありました。毎月複数の商品が一度に届くことから、カップ形状だと冷凍庫がすぐにパンパンになってしまい、それが解約の原因のひとつになっていることがフィードバックから判明しました。お客様に長く続けていただき、生活に浸透するサービスにしていくためには冷凍庫の問題を解決するべきだと考え、ヒアリングを進めて3カ月ほどでパウチタイプをラインナップに加えました。その後、長期継続ユーザーの大半の方がパウチタイプを選択していることから、現在はサブスクリプションのお客様にはパウチタイプのみでのご案内に切り替えるまでに至っています。

そのほかにも、「味の濃さ」や「野菜の好き嫌い」など、レシピや食材へのフィードバックを活かして商品開発を行なっています。「おいしいから来月も続けたい」「冷凍庫に入っているGREEN SPOONが楽しみ」、そんなサービスとして、**日常生活に溶け込んでいけるよう、表に出ないレベルでのリニューアルを日夜続けています。**

解約するお客様の声をすぐに察知できたり、お客様と直接コミュニケーションを取りながら商品やサービスの改善を行なえることはD2Cならではの特徴だと実感しています。

◆心を動かすプロダクトとは

創業時、現在よりも当然知名度もなく、大手のような規模の広告予算なんて到底かけられなかった私たちにとって、お客様によるSNSの投稿はGREEN SPOONが成長していく上で非常に重要なポイントだと考えていました。

食べることに限らず、私たちにとってSNSと消費行動が非常に強く結びついているというのは自明なことだと思いますが、この点についても徹底的に向き合うようにしています。食べる前後あるいは最中に起こる、「発信したい」という気持ちを議論したり、「お客様が自分のタイムラインにわざわざ商品をあげたいと思う気持ちってなんだろう」「GREEN SPOONを投稿することはお客様にとってどんな意味を持つのか」、そんなことを考えながら、商品開発に取り組んでいます。

結果的にリリース直後から、お皿にきれいに盛りつけた写真やアレンジレシピなどの投稿がオーガニックでたくさん生み出され、多くの反響をいただくことができました。また、中にはインフルエンサーやタレントなど、発信力のある方がSNSで紹介をしてくださったことも多々ありました。

お客様からの反響を得るために、再現性のあるポイントを考えてみましたが、そういう**法則めいたものはこの世界にはない**のかもしれません。ただ、ひとえにプロダクトやサービスに触れた時に起こる感動や驚き、応援したい、誰かに教えたいという衝動など、**お客様の「心を動かす」ということに真っ直ぐに向き合う、ということが大事**なんだなと、リリースから4年目を迎えた今、改めて実感しています。

そうした「心を動かす」ということは振り返ると、愚直に自分たちのこだわりを追い求めて、それをお客様へ丁寧にお伝えしていくことだったり、商品が届いてから開封、調理、食べるまでの各工程でお客様に感動してもらうポイントをつくり込むことだったり、写真や動画などを撮影した際に、「初めて見る」「きれいでかわいい」など、独自で目を引くクリエイティブであることだったり、ブランドの持つメッセージに共感性があることだったり……、お客様がブランドに触れるすべてのポイントで提供すべき価値を、高いクオリティになるまで自分で考え突き詰めていくことでしか道は拓かれないよな、と日々思うばかりです。

「自分によいことをする」「自分を大切にする」、そんなビジョンから生まれたGREEN SPOONが、お客様の人生を豊かにしたり、自分を好きでい続けるためのきっかけになったりしていけるよう、これからも妥協なき挑戦を続けていきたいと思っています。

女性のヘルスケアとQOL向上に貢献するIoTツール「わたしの温度」

PROFILE

名和成明　TOPPANエッジ株式会社　中央研究所　ビジネス推進部　部長

1996年入社。様々な技術開発・実用化に従事したのち、ヘルスケア領域の新事業創出に向け、部門横断でウェアラブルデバイスの開発プロジェクトを発足。「わたしの温度」プロジェクトリーダー。（※講演当時の社名は、トッパン・フォームズ株式会社）

2021年11月10日 講演

私は入社以来、一貫して研究開発部門で新規プロダクツの開発や新規事業に携わってきました。0から1を生み出す経験から少しでも役に立つ情報を提供できればと思っています。ここでは、我々が開発したヘルスケアIoTサービス「わたしの温度®」を中心に、開発の背景、ポイント、ユーザー様の声なども紹介していきます。

「わたしの温度」のポリシーは「世界中の女性のきれいと活躍を応援します」です。**身につけて寝**

るだけで女性特有の高温期と低温期のリズムを把握できるため、誰でも簡単に続けられる新習慣プロダクツとして提供しています。

女性にはホルモンバランスの変動による特有の波が存在します。しかしイライラや体調不調が起こる原因が何であるのか、わからない方も多いのではないでしょうか。そのような時に、「今、自分がどのような状態か」を簡単に知ることができたら、様々な価値が生まれるだろうという点に着目しました。

重要なことは「**誰もが簡単に把握できる**」という点です。自分のリズムを把握できれば、その人の目的に応じて一人ひとりのリズムに合わせた行動変容を実現できることがわかってきているのです。

従来、基礎体温の変動を把握する目的は「妊活」がほとんどでしたが、現代社会において働く女性が増えている中で、**様々な目的に対して、状態把握が有効**であることが当社の検証結果からもわかっています。「わたしの温度」は身につけて寝るだけでリズムや状態把握が可能ですから、それぞれの目的に応じた行動変容を促すサポートが可能です。

さらに、「疾病予防の3段階」の中では、**自分の状態を知ることが医療においても健康増進の新手段**として着目されています。こういった領域に「わたしの温度」は貢献できる可能性があると考えています。

◆「わたしの温度」が教えてくれること

ポイントは大きく3つあります。

1つ目は、簡単に温度測定ができることです。「わたしの温度」は、寝ている間に100回以上自動で測定するため、毎朝の検温が不要となる、従来の体温計とはまったく違う新習慣プロダクツです。毎朝の検温自体のストレスが周期乱れの原因になっていた方にはぜひ使っていただきたいと思います。

2つ目は、当たり前のことですが、温度リズムが〝正しく〟測れるということです。

3つ目は、自分の状態を知ることができる点です。さらに「こころ」「からだ」「食事と運動」について、個々人のタイミングに合わせたアドバイスが毎日届きます。産婦人科医師や大学教授によるコラムなど、女性が知りたくなる情報を毎月5～6点無料で提供しています。

従来の基礎体温計と「わたしの温度」を併用比較した臨床実験において、基礎体温計での計測は、4割の方が高温期と低温期をうまく判別できないという結果でした。朝、起床後に計測する従来の基礎体温計では、「朝起きて時間が経ってしまった」や「口内舌下で測る場所がずれてしまった」だけでなく、活動に最低限必要なエネルギーやプラスアルファの運動が加わってしまうと、高温期と低温期の差である「0・3度」がうまく検出できなくなると考えられています。一方、「わたしの温度」の計測結果では、全員が高温期と低温期を把握できていました。このことから「わたしの温度」のように就寝中に計測できる新たなツールは、手軽かつ有効だと実感しています。

アプリはシンプルで使いやすくし、幅広い年齢層が扱えるように心掛けました。「わたしの温度」には3つのモードを設けました。1つ目は、「妊活モード」。生理日や排卵日の予測ができるモードです。2つ目は「ビューティ&PMSモード」で、心と身体のリズムを知るための機能です。3つ目に「ウェルエイジングモード」で、年齢変化とうまく付き合うための更年期世代に向けたモードです。できるだけ女性ユーザーに寄り添った形にし、広告なども表示しないことにしました。

アプリ開発にはたくさんの人が関わるため、「エレベーターピッチ」という手段を使って共通認識をつくりました。具体的には、「ターゲットはこういう方であり、自分たちはヘルスマネジメントケアサービスを目指す」ということや、「毎日つけて寝るだけでストレスなく使えて、単なる体温計やアプリとは違い、その人の状況に合わせた価値情報が得られる機能が備わったプロダクツである」といった定義付けです。

ブランディングやマインドセットに関してはプロジェクトを進める中で早期から取り組んできま

した。「B to B to C」や「B to C」など、様々なビジネスモデルがありますが、**最終的に接するのは「C（カスタマー）」ですから、「to C」視点でのプロダクツに込めた思い**をまとめました。

例えば、「たくさんの『わたし』がいて、それらみんなを応援したいんだ」といったメッセージや、「よい時も悪い時も『わたし』であって、自己受容から幸せを探し、自分らしく生きるきっかけにしてほしい」といったメッセージなどです。単に測るだけではなく、その人の**「QOL（クオリティー・オブ・ライフ）」の向上につなげたいというビジョンを言葉に込めました。**キービジュアルに関してもブランドイメージが統一できるよう、**「必ずやってくる朝に、カーテンに向かって伸び上がるような女性」**をメインビジュアルとして採用しています。

◆印刷の会社がヘルスケア市場に参入した理由

次に、開発の背景についてお話しします。少し話が逸れるかもしれませんが、トッパン・フォームズは、もともとは印刷の会社です（トッパン・フォームズ株式会社は2023年4月1日付でTOPPANエッジ株式会社に社名変更しました）。なので、外部の人からは**「なぜフェムテックをやるのか？」**と聞かれたり、社内からも、既存事業とのシナジーを提示して共感を得ないとプロジェクトを推進しづらかったりしました。

当社はもともと大型コンピュータに用いる業務用帳票の印刷・販売からスタートした会社です。情報伝達形態の変化に代表されるようなＩＣカードを日本で初めて提供したのも当社です。つまり、時代の流れに合わせ、デジタル・ソリューションやクラウドプラットフォームなどに形を変えながらも、**一貫して情報を伝える仕事**に携わってきたのです。当社では「**情報の器**」**を提供している**と表現してきましたが、その流れで、普段は目に見えないヘルスケア情報を取得し、価値ある情報に加工してお届けすることは、既存事業で培ったケイパビリティを活用できるため、ヘルスケア市場への参入にチャレンジしました。

テーマの選定時は社会課題をいろいろ抽出しながら、「女性活躍」や「ヘルスケア市場の拡大」「治療よりも予防の時代」「ＤＸ」などのキーワードをあげ、成長市場をピックアップしました。そこに自社のコアコンピタンスとアセットをかけ合わせた時に、「女性のヘルスケアで、ウェアラブルで、デジタルヘルスケア」とターゲット軸が鮮明になったのです。

何を計測するかに関しても、はじめはいろいろな試作機をつくってリサーチを重ねました。そもそも体温は人間の健康の基礎情報ですが、医療機器の制約もあり、ウェアラブル機器ではなかなか比較すべきプロダクツが存在しませんでした。心電計・心拍計も自宅で計測できる商品はありますが、計測のみで終わってしまい、「だから何なのか」は通常はわかりません。**認知から行動変容に移**

すことこそが私たちができる価値提供なのではと議論しました。

その結果、「わたしの温度」は医療機器ではないので「体温計」とは表現できないのですが、ウェアラブルデバイスで日々の温度リズム変化を正しく計測し、少し先の心身のリズムを予測し備えることによって、ポジティブな行動変容を促すサービスの実現を目指しました。


新しい研究開発テーマとして「ウェアラブル・センサー」の開発がスタートしたのは2017年です。実は、2017年内にはある程度の試作機も完成し検証もできていたのですが、やはり社内の既存事業とシナジーへの共感や、社会的な意義への理解を得るためにいろいろな時間がかかりました。ようやくプレスリリースを発表できたのが2019年の3月です。

PoC（実証実験）は2019年11月頃からはじめていました。2020年頃から「フェムテック」という言葉が日本でもようやくよく言われるようになり、その後押しもあって雑誌やメディアからの取材のオファーが非常に増えました。2020年の後半から様々なイベントを開催し、2021年の3月に正式ローンチができたという流れです。

◆「わたしの温度」の反応と新規事業のポイント

実際に、アンケート結果から利用者の声を紹介します。

まず、PoCのスタート前に実施した「従来の基礎体温計に対する満足度」に関する調査結果です。「とても満足している」と回答した方はわずか2％しかおらず、「不満である」が7割いたという結果になりました。不満に思う理由については、「煩わしい」や「忘れてしまう」とか、「決まった時間に測れなかった」「忙しいのでやめてしまった」という回答が多く、場合によっては「きちんとリズムが測れなかった」という方もいました。

このように、「基礎体温を測るのはめんどうだ」といった意見が多い一方で、9割9分の女性が「月経リズムの把握は大切だ」と答えていました。また「わたしの温度」について9割の方から「使いたい」とご回答いただきました。

「わたしの温度」を使ってもらい、3カ月後に再度アンケートを実施したところ、7割の方が「効果があった」と回答しました。具体的には「仕事の仕方を工夫した」や「帰る時間や休暇を意識するようになった」「睡眠や心のリフレッシュ、スキンケアを大切にするようになった」など、自分の状態を把握して備えができたり、行動変容につながったりしたといった回答でした。短期間ながらもだいぶ効果があったのではと思います。

労働のパフォーマンスについても、5割の方が「向上した」と答え、6割から「使って楽しい」、7割から「企業にも導入してほしい」という声を得られました。

前述しましたが「わたしの体温」は医療機器ではありません。当社は治療や予防、診断ではなく、「ヘルスケア」にフォーカスを置いた「QOL（クオリティー・オブ・ライフ）」向上を目指しているので、このアンケートはうれしい結果でした。

新規事業の観点からもお話しします。現代は「いいものがあれば売れる時代」ではないと思います。新しい価値をつくるためにも、できるだけ低コストで開発しながらユーザーの意見を踏まえてブラッシュアップする「**リーンスタート**」の手法を取り入れています。

また、既存事業の体制では非効率になることもあり、変革を生み出せるプロジェクト体制を敷いて進めてきました。新規事業を進めていると、どうしても「ToDo化」してしまったり、DX自体が目的になったりしてしまうこともあります。そのため「**パーパスドリブン**」や早期段階でのブランディングも意識してきたポイントです。

社会的な意義においては、フェムテックや女性の健康に関して、やはり男性の関心が非常に薄いという実感があります。本来は、女性一人ひとりのパフォーマンスを向上することを考えれば、有益なものは導入すべきと考えるのが然るべきと思いますが、あまり自分事として見ていない男性が多いと感じます。その点からもこのようなヘルスリテラシーの向上は非常に大事だなと考えています。

ビジネスモデルとしては、健康経営のように「B to B」や「B to B to C」メインではありますが、「ＢｔｏＣ」の施策も少しずつスタートしています。例えば導入障壁を下げるために月５００円で利用できるレンタルプランや、リテラシー向上のためのセミナー、認知・共感向上のキャンペーンなどです。メーカーや研究機関を含めたアライアンスもはじめながら、付加価値の継続的な向上を目指しているところです。

自治体もまだまだ採用事例は少ないのですが、秋田県にかほ市や富山県での導入がスタートしています。

私たちが**ターゲットとしているのは〝女性の一生〟**であるとも言えます。若年層から更年期に至るまで、様々なセグメントで使っていただけるようなサービスの拡充を検討しています。同時に当社の事業領域を活かし、情報提供としてのエコシステムをつくっていくことを目指しています。

女性が輝くことで、身近なパートナーや家庭も明るく活性化します。同じことが社会全体にも起こるだろうと考えています。社会全体が輝くために、これからも努力し続けていきたいと思います。

社会課題をテーマにすることの難しさと重要性

2022年7月20日 講演

PROFILE

小林味愛　株式会社陽と人（ひとびと）代表
慶應義塾大学法学部政治学科卒業後、衆議院調査局入局。経済産業省出向、株式会社日本総合研究所を経て、福島県国見町に陽と人設立。福島の地域資源を活かして地域と都市をつなぐ様々な事業を展開。2021年度地方創生賞受賞など数多くの賞を受賞。

私は東京都立川市の出身です。ずっと東京で育ち、大学卒業後は国家公務員になりました。衆議院で2年働き、その後経済産業省に出向して合計5年ほど国家公務員として勤務しました。

当時はまだ「女性活躍」が世間的にも注目されておらず、職場のまわりを見渡すと、私の同期はほとんど男性。女性の先輩も多くない中で、「組織の中で男性に勝たなきゃ」と思い込んで、がむしゃらに働いてきました。この公務員当時は早く帰れて夜中の2時なんていう生活をしていました。

商品開発の話にも関わるのでお話ししますが、途中で体調も崩しました。生理不順はいつものことで、**「世の中の女性みんな生理不順」と思っていたぐらい体調がおかしい状態**でした。寝ていないし、食事もパソコンを使いながらコンビニのおにぎりを食べるので、もちろんストレスも溜まる。こんな生活を続けていたら当たり前ですよね。生理が来ないこともしょっちゅうありました。

そんな経験を経て、民間企業の日本総合研究所に転職しました。ここでは地域活性化や様々な地方創生プロジェクトに携わっていましたが、ここでもやはり働きすぎました。労働時間というよりも、プロジェクトで北海道から沖縄まで全国を飛びまわって、ほとんど家に帰らないような状態でした。やはり気持ち的に「勝たなきゃいけない」という思いが強くあり、ウェルビーイングの観点は皆無でした。

地方創生に関わるようになって、自分自身がウェルビーイングじゃなくなった経験をしました。それは、その当時、お金を稼ぐことはもちろん必要なことだけれども、「お金を稼ぐために生きている」ような感覚に陥ったことです。

特に東日本大震災以降は、福島の仕事に携わりたいと思い、地方自治体と仕事をする機会が多くありました。会社からは「効率よく、いろいろなフレームを横展開するように」と言われ、**「本当に自分のやっている仕事・サービスは社会の役に立っているのか」と疑問を持ちながら働いていまし**

た。その頃が人生で一番つらくて、頭に10円ハゲが2つもできている状態が続きました。

そこから、お金を稼ぐだけではなく、社会的課題を解決しながら経済的利益も追求できる仕事がしたいと思い、転職を考えました。「**人生一度きりなので、自分でできることをしよう**」「**大きなことはできないかもしれないけど、ひとりの人の笑顔が見られる仕事をしよう**」と、2017年に宮城県との県境にある福島県国見町で株式会社陽と人（ひとびと）を立ち上げました。人口約8000人の小さな町です。家は東京にあり、夫も子どもも東京にいるので、今も二拠点を行き来して仕事しています。

◆陽と人が目指す課題解決

そのような背景があり、私たちの会社では、次のようなミッション・ビジョンを持って運営しています。**陽と人が目指したい社会は**「**しあわせ・笑顔・豊かさの循環**」で、**結局は子どもたちの未来につながるような仕事をしていきたい**と思っています。地方にいると、どうしても画一的な価値観や経歴・学歴を重視する風潮が変わっていないことに気がつきます。そこで、いろいろな人、いろいろな価値観が溢れるようなダイバーシティのある地域にしていきたいと思って、様々な事業を展開しています。

私たちは福島県にある会社なので、**福島の地域活性化のためになる事業**を展開しています。なおかつ、今プロジェクトの大きなテーマとして、単に女性のためになる製品ではなく、私も経験した様々な不調や女性特有の悩みを少しでも解決できるよう「**女性の健康課題解決**」を目指して会社経営をしています。

大事にしている価値観は、単に儲けようという発想ではなく、関わる人一人ひとりが嫌な思いをしないようにすることです。地域の農家さんや取引先など、人と人とのつながりを一番大事にしています。そのためにも正直で嘘のない仕事をしようと日々、事業を運営しています。

ここで、社会課題解決のビジネスを進める上での心構えと難しさをお話ししたいと思います。

私たちが取り組む課題は大きく分けて2つあります。それは、福島県国見町だけでなく県全体の課題でもありますが、**農業の課題と女性を取り巻く社会の課題**です。これが私たちのプロダクトの開発のきっかけにもなった部分ですが、これらの解決を通して地域にダイバーシティ溢れる社会をつくっていくことを目指しています。

具体的な取り組みですが、私たちは課題を精緻化して日々考えています。まず取り組みたい課題は**農家の所得改善**です。農家の平均所得は全国的にも200万〜300万円ほどです。これにより何が起きるかというと、農業を志す人が減り、後継者不足に陥っています。

給料の低さ以外にもいろいろな要因がありますが、これでは自分たちの自己肯定感がどんどん下がってしまいます。なので、何よりもまず、**農家さんたちに自分の仕事に誇りを持ってもらいたい**想いがあります。

食べ物をつくる仕事はとても素晴らしいことです。それに毎日向き合う農家さんたちを私たちは尊敬していますし、農家さんたちにも自信を持っておいしいものをつくってほしい。まずは農家さんたちの所得を少しでも上げたいと、課題を特定して取り組んでいます。

もうひとつの女性を取り巻く社会課題も様々ありますが、これも私たちがどこにアプローチすべきかを特定した上で事業を展開しています。

私たちが取り組んでいるのは、**国見町の農産物を活用した自社のブランド開発**です。**製品を通じて女性たちに身体の知識の向上と、働く上での自分たちのケア、自分を大事にしていくライフスタイルの提供**を目指しています。活動はプロダクトの開発に限らず、小冊子の発行や企業・自治体向け研修、啓発事業なども進めています。

このようにロジックモデルとして整理して、私たちの会社だけでなく「誰にとってどんなメリットがあるのか」をひとつずつ考えながら、本質からぶれないように事業を展開しています。

私たちの会社についても、毎年従業員の賃金アップができるように設計したり、農家さんの所得もどれぐらいアップしたかを一軒ごとにデータ化したりしています。単なるブランディングではなく、成果として数字を上げて、課題を解決していく「課題解決の定量化」にも注力しています。これにより、私たちが目指すダイバーシティ溢れる社会を、会社経営を通して実現したいと頑張っています。

◆本音で語り合う、自分が体験する

私たちのビジネスのうち、2つの事業についてお話ししたいと思います。1つ目は、直接はフェムマーケットとは関係はないのですが、農業にまつわる事業です。

福島県国見町は農業の町です。桃の生産地というと山梨県のイメージが強いと思いますが、国見町は町村レベルでは全国ナンバーワンの桃の生産量を誇ります。それぐらい農業が盛んな町で、夏は桃、秋から冬にかけてはりんごや柿、ぶどうなど様々な農産物が年間を通して採れる地域です。

しかし、農業の流通構造上、小さなものや見た目が悪いものは「売れない」「価値がない」とされ、今まですべて廃棄されてしまっていました。

その背景として、今までは、全国どこのスーパーでも販売できるように、とにかく見た目も大きさも揃っていることが重要視されていました。でも、今はちょっとくらい小さかったり、傷がついていたりしても問題ないじゃないかという価値観を持つ人もいっぱいいます。特に女性やお子さんの中には、あまり大きなものをもらっても食べきれない人もいると思います。

そのような時代背景があり、**小さいもの、傷がついているものを取引農家から毎日全量買い取って、東京に卸す物流体制をつくっています。**そうすることで、東京でも収穫の次の日の果物を購入することが可能です。

この事業と並行して、2020年にデリケートゾーンケアブランド「**明日　わたしは柿の木にのぼる**」をローンチしました。これについては後述します。

日々事業に携わっていると、社会課題を解決しながらビジネスをやっていく難しさがあることに気付きます。**単に経済的利益を追求するだけではなく社会課題の解決を目指すと、人と人との関係のような、ロジカルには解決できない課題がたくさん出てきます。**

端的に言うと、「あの人は嫌い」のような感情レベルの話などがいろいろ出てくるのです。そこで一人ひとりの要望やニーズ聞いていると、どうしても経済的利益を上げるまでに時間がかかってしまいます。

ソーシャルビジネスは一般的なテックベンチャーに比べて、スケールアップするまでにプラス10

年ぐらいかかると言われています。社会課題を特定して関わっていくと、そこには「人」という存在があるので、大事にすればするほど課題解決に時間がかかるのだと思います。正直、ここが一番大変でしたが、大事なのは「人と人との信頼関係」だと思っています。

ブランドをローンチしてからメディアに取り上げていただく機会も多く、なんとなく表向きだけを見ていると、周囲から「目立ってるね」「最近すごい出てるね」とよく言われます。でも、普段の私は次のようなことにほとんどの時間を費やしています。

それは「**お茶を飲む**」ことです。

とにかく**本音で語り合える関係ができないと、人間の本当の深層心理や課題は見えてこない**と思っています。表向きに「これが課題です」「あれが課題です」と言われることはいっぱいありますが、「本当に助けたい人たちの課題は何だろう」と掘り下げるほどに、信頼関係がないと本音を聞けないのです。

お茶を飲む以外にも方法はあるかもしれません。でも私は心を開いてくれる関係性になるまで、その人のもとに通い続けて話を聞く時間を大事にしています。

それから、**自分で体験すること**も大事にしています。農業は本当に大変です。雨の日の桃採りなんて、「大変」という言葉が陳腐に感じるほどです。何事も自分でやってみないと大変さはわかりません。農家さんの手伝いはもちろんボランティアで、ビジネス関係なく手伝ったりもしています。

また、関わる人の本音を聞くことを大事にして、自分でできることを頭と身体を動かして取り組んでいます。会社を設立してまだ協力者もいない頃は、規格外の桃を売ろうとしても「絶対に東京では売れないよ」と言われていました。そこで、**「やってみないと売れないかどうかはわからない」と、自分自身で桃を1個1個手売りすることからはじめました。**そこから農家さんたちとの信頼関係が徐々にできてきて、同時並行で「明日 わたしは柿の木にのぼる」の研究開発を続けてきました。

私たちのプロダクトの原料には柿の皮を使っています。でも、「農家の所得を上げたいです、課題を解決したいです。柿の皮を買うんでプロダクトをつくらせてください」と言っても、売ってくれる農家なんてどこもありません。やはり「お前だったら売るよ」「お前だったら協力する」という関係にならないと、原料の安定仕入れもできないし、ビジネスとして非常に脆弱なので、人間関係を大事にしてます。

◆農家さんの儲けをつくる「あんぽ柿」の皮を活用

「あんぽ柿」という干し柿があります。これは福島県が発祥で、普通の干し柿より水分量が多くてトロッとした食感が特徴です。スーパーなどでは1袋1000円や1500円で売られている高級品なのですが、**農家さんの手元に入るお金は1個あたりわずか数十円**です。なかなか儲からない産業になっています。

あんぽ柿をつくる工程はとても大変で、柿の皮を1個ずつピーラーでむいていきます。売られているものを見ると、すべて機械で製造されているように見えますが、実際は多くが手作業です。皮をむいた柿を人の手でロープに通し、1カ月ぐらい干してようやくあんぽ柿が出来上がります。しかし、なかなか儲からない産業になっていることもあり、私たちが目をつけたのがこの〝柿の皮〟でした。

実は、あんぽ柿には規格外品がありません。桃の事業では規格外品の販売が農家さんの所得向上につながっていますが、あんぽ柿はそもそも加工品なので、規格外品が出ないのです。

「どうやったら所得を向上できるだろう?」と考えた時に、**「柿の未利用資源を使ってお金にできれば買い取れるんじゃないか?」**と思いました。そこで、柿の皮と、高齢化のため採りきれなかった完熟した実、柿を大きくするため成長段階で摘果した実などを研究していました。

すると、柿の皮にはいろいろな成分が含まれていることがわかり、「これを原料に化粧品をつくって販売しよう」と開発したのが、この「明日 わたしは柿の木にのぼる」です。ですから、私たちがこの化粧品をビジネスとして売れば売るほど、農家さんたちの所得に還元される仕組みをつくっています。

「なぜ女性のデリケートゾーンのケアに着目したか」という点ですが、女性の皆さんはこのような思いをしたことはないでしょうか。

「どうしてもイライラしてしまう時がある」「頑張りたい気持ちがあるのに身体が悲鳴を上げている」「生理がつらい」「婦人科系の病気になったけれどあまり人に言えないので昼休みにこっそり病院に通っている」「気が滅入る時期がどうしても定期的にある」などです。私の経験でもありますが、女性なら誰もが一度は経験したことがあると思います。

女性は生物学的な身体の仕組み上、個人差はありますが、様々な症状が起きる時があります。私自身も、はじめにお話ししたようにとにかく働きまくっていたので、こういった症状が頻繁にありました。

当時の私は、このつらさを「自分のせいだ」と思っていました。自分がまだまだ弱いから体調を崩したり、気が滅入ったりするんだろうと自分を追い込んでしまっていたのです。しかし、女性の身体や健康について学べば学ぶほど、**「これは自分の性格の問題ではなく、女性ホルモンや生物学的な身体の仕組みの問題なんだ」**と知ることができました。

周囲に相談もしていなかったので、「つらいのは自分だけだ」とも思っていました。でも、身体の仕組みを知ったことでまわりに「私、生理不順なんだけど」と話すと、「えー、私もだよ」と共感してくれる人がたくさんいるとわかったのです。

商品を開発していた頃は「フェムテック」という言葉も日本では言われていませんでしたし、時代背景として女性の身体のことは言いにくい雰囲気があったので、女性の身体にきちんと向き合えるプロダクトをつくれば、より多くの女性たちが、自分を大事にできる時間ができるんじゃないか」と思い、このプロダクトを開発しました。

デリケートゾーンにはいろいろな菌が住んでいて、論文上、判明しているだけでも580種類ぐらいと言われています。その菌のバランスは睡眠不足やストレス、疲労、食生活など生活習慣の乱れによって崩れてしまいます。すると、デリケートゾーンのにおいやおりものなどに変化が現われるので、私たちはデリケートゾーンを**〝自分の心と身体を知るバロメーター〟**と捉えています。

毎日頑張っている女性にせめて1日10秒だけでもデリケートゾーンケアを通じて、ご自身の心と身体を大事にしてほしいと商品開発を続けています。

◆「明日 わたしは柿の木にのぼる」に込めたメッセージ

開発をはじめたのが2017年。「生理元年」が2019年と言われているので、開発当初はまだ口にしにくい時代でしたが、3年かけて研究し現在のプロダクトが完成しました。

このようなデリケートゾーンケアのブランドは、月経や更年期、女性特有の様々なトラブルなども関係する存在です。ですから、私たちは産婦人科の先生や専門家と連携して、情報発信や学ぶ場を提供することを大切にしています。同時にプロダクトとしても、あんぽ柿の製造工程で廃棄されていた柿の皮を経済的価値に変えることで、地域の所得が向上する仕組みをつくっています。

もちろん、プロダクトのクオリティにもこだわっています。私がずっとアトピーだったこともあり、とにかく植物由来、天然由来に徹底的にこだわりました。その結果、完成まで3年かかったのですが、納得するものを提供したいと時間をかけてつくりました。

よく「ブランド名が変わってるね」と言われます。「**明日 わたしは柿の木にのぼる**」という長いブランド名にすることで、**ふと「何だろう、これ？」と立ち止まってもらえる名前にしたい**と思ってつけました。もちろん、これまでお話ししてきた私たちの想いや社会に対しての問いも込めています。

「私はのぼる」の部分には、女性自身が自分で人生を選んでいく「女性の意思」を込めています。「明日」にも様々な意味があります。「いつやるの？　今でしょ」という言葉もありますが、女性の中には仕事をしながら家事負担を抱えている方も多く、プレッシャーの中で頑張りすぎている人が多いと思います。ですから、本当に大変な時に私たちのブランドが関わることで、**「明日でも大丈夫だよ」**というメッセージを伝えられたらと思って、このようなブランド名にしています。

こだわりは、「明日」と「わたし」の間に半角のスペースを空けているところです。これは女性が心や時間のゆとりを持って、ちょっと息継ぎをするようなシーンを表わしています。

開発の背景もお話しします。開発当初は、本当にいろいろな人から「絶対に売れない」とか、ブランド名も「こんなに長いと雑誌に載らないからやめたほうがいい」と、肯定してくれる人がひとりもいない状況でした。毎日ショックを受けるような日々でしたが、２０２０年のブランドローンチ前後から、ジェンダーの問題やフェムテックが社会的な動きになってきました。

これまでは男性中心にいろいろな製品が開発されてきたこともあり、女性が不利益を受けている側面もありましたが、**「ジェンダード・イノベーション」という言葉が広まり、生物学的女性の健康課題をテクノロジーで解決する「フェムテック」の分野に、気付いたら私たちのブランドも分類いただいた経緯**がありました。ですから、私たちはフェムテックマーケットを目指して開発したわけではなく、時代背景的にフェムテックの文脈で語られるようになりました。

月経トラブルに関して、国の調査によると女性の8割が何らかの不調を抱えている状態だという結果が出ていたり、経済産業省のレポート（２０１９年）では「女性特有の健康課題などにより職場で諦めなくてはならないと感じたことがある」女性が約43％にのぼったりしています。更年期の問題も含め、健康課題が注目され、顕在化していると思います。

さらにグローバルで見ると、ジェンダーが多様な組織のほうが、経済的な価値が向上することもデータとしても立証されています。女性を取り巻く課題がフォーカスされるようになり、私たち当事者も、発言しやすい環境になってきたのではと思っています。

とはいえ、フェムテック界隈では盛り上がっているように見えますが、「ジェンダード・イノベーション」も「フェムテック」も「デリケートゾーンケア」も、まだまだ世の中は知らない人が大多数です。

フェムテックが注目され、デリケートゾーンケアの製品も増えている中で「競合が増えると大変じゃないですか？」とよく言われますが、まったくそうは思っていません。ウェルビーイングの市場を広げるにあたり、いろいろな業種・業界が連携して、女性の身体のこと、ひいては女性だけではなく**最終的には男女ともにすべての人々がウェルビーイングな社会につながれば**と願っています。

すべては、「ひとりの笑顔が思い浮かぶかどうか」で、私たちにとっては農家さんの笑顔であり、買ってくれる女性たちの笑顔です。そういったことに本気で取り組むことが、社会課題をビジネスで解決していく上では大事だと思っています。

PART

5

業種の垣根を越えた自由な発想で解決を目指すビジネスプラン

「WELL WOMANプロジェクト」は、「女性たちの心身と社会的な健康」を大きなテーマに、異業種共創でビジネスプランを立案するグループワークで締めくくっています。

第1期参加企業

株式会社アビックス
イオンリテール株式会社
小浦石油株式会社
クロヌドゥール・ジュエリー株式会社
敷島製パン株式会社
株式会社千趣会
株式会社ネイルセレクト
株式会社ポーラ
株式会社メガチップス
医療法人社団 友愛会
ライオン株式会社
https://www.herstory.co.jp/wwp-phase01

第2期参加企業

イオンリテール株式会社
井関産業株式会社
株式会社IDOM
エースホーム株式会社
(現:ナックハウスパートナー株式会社)
株式会社カシワバラ・コーポレーション
株式会社カドリールニシダ
株式会社千趣会
白鶴酒造株式会社
一般社団法人日本ライフオーガナイザー協会
https://www.herstory.co.jp/wwp-phase02

企業の存在意義とソーシャルインパクト

2022年5月27日 講演

PROFILE
永田潤子　大阪公立大学大学院都市経営研究科　教授

課題解決のための商材を考えるにあたり、「企業とソーシャルインパクト」についてお話したいと思います。

皆さんは「ソーシャル」という言葉をどのように捉えていますか？

例えば、「企業の社会的責任＝ＣＳＲ（Corporative Social Responsibility）」という言葉も「ソーシャル」という言葉を使っています。このＣＳＲが話題になったのは16、17年前ですが、最近では「ソーシャルビジネス」や「ソーシャルインパクトファンド」、また、少し文脈は違いますが、「ソーシャルメディア」「ソーシャルネットワークサービス（ＳＮＳ）」、さらには「ソーシャルマーケティング」や「ESG（Environment, Social, Governance）」といったように、少しまわりを見渡しただけでも随分と「ソーシャル」が使われている言葉を見つけることができます。

この「ソーシャル」という言葉が指す意味はいろいろあるものの、「SNS」で使われているソーシャルは「つながり」を意味するように、ここ5、6年の動きからも、**企業経営のあり方を考える時に「ソーシャル」の概念、つまり社会とどうつながるかは切っても切り離せない時代**に入っているのではと思っています。企業は消費者や社会とどうつながるかが非常に問われている気がします。

◆ビジネスを通じてのイノベーション

では、企業はどのように「ソーシャル」にアプローチすべきでしょうか。

まず、「CSR」ですが、2003年頃にCSRブームが起こり、この時は世界的な課題である環境問題にどう取り組んでいくかが大きなテーマとなりました。さらに、2007年には経済同友会が報告書「CSRイノベーション」を発表し、これがまさにソーシャルインパクトにつながるひとつのヒントだと思います。

ただ、「CSRイノベーション」という言葉は登場したものの、企業側は主に環境問題へ対応すること、社会貢献をすることとして捉えるのが主流でした。その結果、残念なことにCSRイノベーションの本質である「社会課題の解決を通して企業の競争力を高める」ことや「社会課題とビジネスを両立して考え、企業の新規事業やイノベーションを生む」という概念まで浸透しませんでした。

「ＣＳＲイノベーション」というきっかけがあったものの、取り組んだ企業は少なかったのです。

ところが、この視点を自分事として、体感していた人たちがいたのです。それが女性たちでした。

２００８年、株式会社ハー・ストーリィは「女性・生活者視点でのＣＳＲ評価軸」を開発し、「女性・生活者のＣＳＲ36指標」を発表しました。私は監修として参画していますが、これは、「**女性・生活者が企業と社会とのつながりにおいて、企業のどんな姿勢や活動に関心を寄せているのか**」を分析し、開発した指標です。その指標は今のＳＤＧｓの項目につながるものであり、女性たちは時代の流れを感じ取っていました。

具体的には、商品・サービスそのものに関することだけではなく、その商品・サービスと社会課題とのつながり、未来の子どもたちのための配慮、地域活性化などにも価値や企業の責任を見出しており、買い物行動を通じて企業とともにつくり出していきたいと考えていることを反映した指標になりました。ですから、日野佳恵子さんが２０２１年に出版した書籍『女性たちが見ている10年後の消費社会　市場の８割を左右する「女性視点マーケティング」』というタイトルは、まさにその通りだったのです。このことからも、「女性のウェルビーイング」を切り口に社会やビジネスを考えることは、世の中の先を行く、これからのビジネスの方向性だと言えます。

◆新たな市場「グリーンオーシャン」

2020年頃からフェムマーケットの拡大とともに、社会課題の解決にビジネスチャンスを見出す流れが起きていますが、さらに**「グリーンオーシャン」**という新しい概念もあります。みなさんご存じのように、「レッドオーシャン」とはすでに成熟した競争が激しい市場、「ブルーオーシャン」とはまだ開拓されておらず、競争がそれほど激しくない市場を意味するマーケティング用語です。そして、「グリーンオーシャン」とは、環境問題を意味するのではなく、**「ソーシャルな課題の解決に取り組む企業こそが、早くマーケット内で企業価値を高められる」**という考え方です。

前述した「CSRイノベーション」に近い意味合いですね。例えば、子どもの貧困は非常に重要な社会課題のひとつですが、枚方市では、子ども食堂の運営にDXを採用し、食材を寄付したい企業と食堂をマッチングするシステムの社会実験をスタートしています。食材寄付者は食材の数量や賞味期限などをサイトに登録し、食堂側はオープン日に合わせて希望する食材を受け取ることができます。このIT技術の開発はまさにグリーンオーシャンだと言えます。

このシステム開発を行なっている企業の担当者は、「社会貢献だけをやっているわけではない」と話します。企業として取り組んだシステム開発は、全国に展開できる、ほかへの応用も含めたサービスの可能性を秘めています。つまり、「子ども食堂を支援する」という課題解決をしながら、同時に自社の新たなビジネスチャンスを創出する考え方でもあります。

社会課題の解決だけを全面に打ち出して取り組んでいるわけではなく、それをきっかけに自社のリソースを高め、活用してビジネスチャンスを生み出していく、こういった取り組みがグリーンオーシャンであり、**ビジネスを通じたイノベーション＝新たな企業価値創出**です。

新たな価値創出のためには、「**ソーシャルコンセプト：誰が、どんな状況で、どんな課題に直面していて、どう解決するのか**」を考え、「**ソーシャルインパクト：ビジネスの手法を用いて社会価値を継続的に創出すること**」の２つが重要です。改めて女性のウェルビーイングのための課題解決はグリーンオーシャンと考えられます。

◆〝バグ〟（不具合がどこにあるのか）という視点で解決を考える

ここで改めて、「Gender（ジェンダー）」と「Sex（セックス）」と「Sexuality（セクシャリティ）」の違いについて押さえておきたいと思います。

「Gender（ジェンダー）」とは、社会的・文化的につくられる性別・性差のことで、「ジェンダーギャップ」などの言葉で使われます。この〝社会的〟〝文化的〟という観点から性差を捉えることは重要なアプローチですので、もう少し詳しく後述したいと思います。

生物的な性別は「Sex（セックス）」と言います。「Sexuality（セクシャリティ）」という言葉も最近よく耳にする言葉ですが、セクシャリティとは、「個々人の性に対する指向」を意味します。

ここでは社会的・文化的な環境からつくられる男女の差「ジェンダーギャップ」にフォーカスして考えてみましょう。

世界経済フォーラムが毎年発表する「ジェンダーギャップ指数」の順位について目にする機会があると思いますし、日本のジェンダーギャップ指数が低いこともご存じだと思います。

この指数は「教育」「健康」「政治」「経済」の4つの指標から成り立ち、0が完全不平等、1が完全平等を示しています。日本の2023年のスコアでは、政治が「0・057」、経済が「0・561」と非常に低く、ジェンダーギャップ指数を下げている要因です。一方で、教育のスコアは「0・997」とほぼ男女の差がなく、健康も「0・973」とほとんど差がありません。

つまり、**教育や健康といったリソースや要素についてはほぼ男女共に平等なのに、結果として政治・経済の領域でこれだけ男女差が生まれている**わけです。これは、リソースや要素を活かしていく、使っていく過程で、「社会的にバグがあるのでは?」という見方はできないでしょうか。男性のほうがビジネスでは優秀なのでしょうか? また、政治家は女性に向かない仕事なのでしょうか? それとも、女性の努力が足りないのでしょうか?

〝バグ〟という考え方をしてみると、例えば、日本の労働環境、社会的な役割分担などの課題は、社会、働く環境、制度や仕組み、私たちの意識など、どこかにバグがあるから発生しているのであり、そのバグを発見して取り除くことが課題解決になると考えられます。

◆女性を取り巻くバグを解決することが社会全体のイノベーションになる

働く環境での課題を見てみましょう。2011年、社会学者であるシカゴ大学の山口一男先生が「女性活躍が進んでいる国は長時間労働ではない」という研究成果を発表しています。

例えば、父親が5時に定時退社、もしくはフレックス勤務できたとしたら、子どもと一緒に料理をつくりご飯を食べる、幼稚園のお迎えなどが可能だと思いませんか？　つまり、日本企業の問題である「長時間労働」と関係していると考えられます。

「ジェンダーギャップ＝社会的役割の固定」という意識のバグもありますが、社会環境のバグといった視点では、長時間労働そのものを変えることで、**男性・女性双方にとって住みよい社会になる**と考えられます。日本は、ＯＥＣＤ（経済協力開発機構）の先進国と比べて企業の生産性が低いことも課題ですから、長時間労働をせずに済む取り組みを考えることは生産性の向上も期待できます。女性の活躍を考えその環境を整えることは、社会全体のバグの解決につながっていくのです。

コロナ禍で女性の自殺率が急増していることは早急に解決したい課題ですが、実は自殺率で見ると男性のほうが高い結果となっています。とりわけ、仕事上の理由で命を絶つ男性が多数を占めます。つまり、男性も同じように〝働き手〟として過度のストレスが両肩にかかっているために、生きづらさを感じており、ギリギリまで耐え自ら命を絶ってしまう。ですから女性のウェルビーイングを考えることは、男性のワークライフバランスの改善にもつながり、男性も楽にすると私は考えています。

つまりダイバーシティにおける「女性活躍」は、働きやすい組織や暮らしやすい社会をつくるための入り口です。その一歩からグリーンオーシャンやソーシャルインパクトに結びつくのです。

女性を取り巻く環境においては男女の家事・育児の格差もよく取り上げられます。日本は、妻の家事時間が多く、先進国中で最下位ですが、これもバグのひとつです。しかし、バグを指摘するだけでは解決にはつながりません。このバグを少しでもなくすための商品やサービスが必要になってくるわけです。そして、その商品やサービスが社会へのイノベーションにもなり得ます。

◆女性社員と管理者の認識の差がバグを生む

さらに「健康経営」でも、バグを考えてみましょう。

ここ数年、「健康経営」で関心の高いものは女性特有の健康問題であり、企業も企業経営者もここに目を向けることの重要性は認識していますが、女性社員と管理者（この場合の管理者は男性が多い）が思う健康課題に認識にずれがあることがわかっています（「健康経営における女性の健康の取り組みについて」経済産業省　２０１９年）。

例えば、女性は「生理に悩んで」いるけれど、管理者側は「女性はメンタルに悩んでいる」と思っているのです。また「女性の８割は不調を抱えて我慢して働いている」現状があり、健康課題に対するリテラシーが低い人ほど我慢する傾向にあること、「女性の健康課題が労働損失や生産性に影響する」ことを70％以上の回答者が知らず、女性自身も認識不足という現状にあります。

このバグの解消のためには女性だけではなく、男性も管理職も学ぶ必要があります。男性が女性の健康課題を学ぶ過程で、女性の課題に対する理解が深まるだけではなく、自分自身の健康にもっと関心を持つようになるかもしれません。

さらに、女性の不調はキャリア形成にも影響を及ぼします。「女性特有の健康課題などにより職場で諦めなくてはならないと感じたことがある」女性が43％もいます。

近年、フェムテックマーケットが急激に盛り上がった背景には、いかに女性たちが健康課題に直面しているかという現状、同時に現状を変えたいという強いニーズがあります。

経産省の調査では、女性特有の健康課題による労働損失は4900億円を超えるという試算も出ており、ニーズやマーケットの大きさがわかると思います。

ただ、フェムテックがブームになったように、決して女性の健康だけにフォーカスするわけではありません。前述したように、幅広く女性たちが置かれている現状や環境を考えながら、**男性や子ども、個人や企業も含んだ視点で「課題は何であり、それをどうやってビジネスや商品で解決するか」**を考えていきたいですね。

◆ビジネスを評価する視点（ウェルビーイングの商材とは）

ビジネスの種は、「誰が、どんな状況で、どんな課題に直面しているのか」を見つけ、その「原因、バグをどう解決するのか」を考えることですが、では、そのビジネスを評価する視点は何なのでしょうか。もちろん、お客様に評価され売上につながることはビジネスの評価ですが、ここではウェルビーイングな視点でも考えてみたいと思います。

次は、今回のビジネスプランを評価する5つの視点です。

①課題解決への貢献性（女性のウェルビーイングの課題を捉え、解決できるか）
②汎用性・実現可能性（商品・サービス実施の実現はどうか。自社のリソースの活用など）
③独自・ユニーク性（独自性や先駆けて挑戦しているか）
④継続性（商品やサービスが事業として継続できる設計になっているか）
⑤浸透性（女性の暮らしや社会に浸透するか、購入したいと思うか）

この5つの視点を踏まえ、顧客調査、市場分析、競合分析などを実施し、ビジネスモデルを考えていくとスムーズだと思います。

それでは本項での内容を頭に入れつつ、次ページからのビジネスプランをご覧ください。

TITLE

商品企画コース

離乳食をきっかけに抱え込まないマインドをつくる!「にっこりスプーン」

TEAM

bouquet

✿離乳食キット＋専用アプリで離乳食づくりの負担を減らす

多くの女性は家事・育児・仕事とひとりですべてを抱え、疲労を溜め込んでいます。そこには、「自分が頑張らないといけない」という無意識のマインドが邪魔しているのでは？と考えました。

そこで、子育ての初期段階である離乳食づくりからひとりで抱え込まないようにするための対策ができないかと、「離乳食キット×コンシェルジュつき専用アプリ『にっこりスプーン』」を考案しました。

このサービスは、約1年続く離乳食づくりをストレスなく乗りきってもらうためのものです。具体的なサービス内容としては、どんな方でも簡単においしくつくれる離乳食キット＋離乳食の困り事を解決する専用アプリをセットで販売します。

特に離乳食づくりは、赤ちゃんの成長に合わせて食材をすりつぶしたり、柔らかくしたりするため、通常の食事づくりとは比べものにならないほど大変な作業です。7割以上のママが大きな負担を感じているにもかかわらず、パパの参加率は低く、ママはひとりで情報収集をし、手探り状態で日々チャレンジしています。

✿離乳食を通じて孤独にならない育児を実現

こうした孤立感から脱してもらうためにも、専用アプリでは管理栄養士からのアドバイスや相談、利用者コミュニティの提供、登録情報から導き出されるおすすめ食材の提案、食材の離乳食アレンジレシピなど、ママと赤ちゃんに役立つあらゆる情報を提供していきます。同時に、離乳時期の赤ちゃんに必要な栄養素をパウチに詰め込み、1食ごとに手軽に用意できる環境を整え、調理の手間をできるだけ省いてもらえるよう計画しています。

現在、店頭には数多くの市販ベビーフードが並んでいますが、既存商品との差別化として「にっこりスプーン」では、以下2点の特徴を掲げています。

①栄養士監修の離乳食キットであること

②専用アプリを通じて気軽に相談でき、育児で孤独にならないこと

こうした付加価値のあるベビーフードが、まだ市場に出ていない点に注目し、「にっこりスプーン」が利用者にとって必要なサービスになるのではと考えました。

TITLE

健康経営コース

女性の健康課題は業績にも影響する?「企業ネットワーク」と「共通アンケート」で解決を探る

TEAM

メドレー

✿ 女性の健康課題を解決する3つのリテラシー

私たちの考えるウェルビーイングとは、自分の健康な身体と心を駆使しながら夢や想いに向かい、目指したいキャリアに自由に挑戦できることを指します。

現在、約半数の女性は生理痛やPMSなど女性特有の健康課題や症状があっても、我慢して働き続けています。その一方で社会では、相変わらず女性進出が叫ばれており、ここに大きな違和感を持ったのが今回のプランを発案するきっかけです。

女性の健康課題を解決するためには、会社が以下のような３つのリテラシーに意識的にアプローチすることが必要です。

①女性の健康課題を知り、適切なケアを心がける「体リテラシー」
②上司や周囲が理解し、自然に協力する「職場リテラシー」
③体調不良・妊娠・出産でキャリアを諦めない「キャリアリテラシー」

✿ 問題解決のカギは「企業間のネットワーク」と「共通アンケート」

そこで、この３つのリテラシーを職場で向上させるために提案したいのが、「企業間ネットワークの構築」と「ウェルビーイング度を測る共通アンケートツールの開発」です。前者は企業が合同セミナーや講演会を開催することで、社員へのリテラシーを上げていきます。例えば、「月経・更年期セミナー」「女性ホルモンの波を知るセミナー」など、女性の健康問題にしっかりと向き合った学びの場を複数社が合同で行なうことで、女性が少ない会社でも安心して学ぶことができ、自社と他社との違いから気付きを得る機会をつくっていきます。２つ目の「共通アンケートツールの開発」は、各社共通で使える診断テストをつくり、お互いの情報を提供・共有・分析を行なう点がポイントです。例えば「月経痛が悪化していないか」「出勤への支障が増加していないか」など女性自身の体調チェックからはじまり、「月経や更年期の症状は個人差があることを知っているか」など具体的な質問項目をあげて、上司・同僚の意識や行動をしっかり見直すきっかけをつくっていきます。

現在の月経にまつわる女性特有の症状が企業に与えている損失を少しでも減らすためには、女性一人ひとりが働きやすい職場環境を整えることが大切です。女性の健康問題の解決は、企業の生産性や業績の向上につながる。そう考えてプランをまとめました。

商品企画コース

TITLE

不足しがちな家庭内コミュニケーションを解決するアプリ「我が家の瓦版」

TEAM

THINK＊U

✿ボタンひとつの簡単操作で家族とのつながりを強められる

今回私たちは、家族内タスク共有アプリ・家族新聞自動作成サービス「我が家の瓦版」を提案します。

「毎日夜泣きで寝不足！　１秒でも多く寝たい」「妻が何を求めているのかわからない」。

同じ家で暮らす夫婦とはいえ、忙しさゆえにコミュニケーションが不足し、心がすれ違うことはよくある話です。特に妻は、夫よりも家事負担を多く強いられる傾向にあり、あるデータによれば、在宅勤務を実施している共働き夫婦400名のうち、「夫のほうが家事育児負担の割合が大きい」と答えたのはたったの2.6%という結果も出ています。こうした妻のワンオペ状態が続くと、いずれ離婚や産後うつ、産後の自殺、子どもへの虐待などにつながる恐れがあり、とても危険です。

✿AIを活用した笑顔になれるツール

今回発案した「我が家の瓦版」は、そんな夫婦間のコミュニケーションを円滑にしようとつくりました。

「簡単」「見える化」「アプリだからこそ」の３点にこだわり、以下のような機能を盛り込んでいます。

①簡単→基本操作はボタンひとつでできる

②見える化→タスクを一覧表示し、家事育児の負担割合をグラフで提示。AIが共有できそうなタスクを提案してくれるので、「次週からタスクに追加しよう」などの気付きが得られる

③アプリだからこそ→直接言いにくいことも伝えられる

このアプリを通じて、日々のタスクを家族で共有できるだけでなく、写真とひと言日記機能、週１で自動作成される「家族新聞」などを通して、いきいきとした形で家族の情報を共有できます。さらに、家族への依頼ボタンや、「ありがとう」を伝える機能なども盛り込みました。このアプリが、夫婦揃って笑いながら子育てできるきっかけづくりになったらうれしいです。

TITLE

商品企画コース

妊活にフォーカスした旅プラン「Musubi旅」

TEAM

Blend

✿パートナーとの人生プランを熟考できる場所と時間を提供

妊活前・妊活中の20～30代の若い夫婦向けに、妊活に着目したサービス「Musubi旅」を発案しました。

このプランを思いついたきっかけは、妊活中の女性は男性から「理解してもらえてない」と感じる場面が多いことです。妊活はふたりの問題であるにもかかわらず、夫から「子どもが全然できないけれど、一度検査してきたら？」と一方的にすすめられたりして、女性だけが悪いかのように扱われるケースが多く見受けられます。８割の女性が不調を我慢しているというデータもあり、そこに理解してもらえない不満が募り、そのうち大きな夫婦の溝ができてしまうこともあります。

そうならないためには、夫婦がお互いを理解し、感謝や悩みを伝え合う時間ときっかけが必要だと考えました。そこで登場したのが「Musubi旅」です。

✿パートナーとしてお互いを知る

同プランは、日常から離れたリラックス空間で夫婦水入らずの会話を楽しみ、さらに食事や眠り、温活などの体験を通じて、お互いの心と身体を整えていきます。一見普通の旅に思えますが、明確な違いは「Musubi手帳」を活用する点です。妊活版、マタニティ版、育児版と、夫婦のその時のステージに合わせた手帳を用意し、妊娠や子どもを持つことへの不安を文字で書き留めてみたり、育児する上で大切にしたいことやパートナーへの感謝の気持ちなどを綴ったり、「Musubi旅」を通じて夫婦の自然な対話を生み出す効果を狙っていきます。

ひとりの女性が母になる前から寄り添い、母になったあとも孫を持ったあとも、ずっと併走者として付き合っていけるサービスを心がけ、最終的には女性だけでなく、家族としてのウェルビーイングが実現している未来を目指していきたいと思っています。

TITLE

親子で性について楽しく学べる「kokokara BOX」

商品企画コース

TEAM

GENERATIONS

✿子どもの成長に合わせて届く性教育アイテム

望まない妊娠による中絶は年間14万件以上（2020年）。性暴力救援センター・東京に寄せられた性被害の相談は6,500件（2020年）。こうした問題の背景には、正しい性教育が行なわれていないという事実があります。実際学校では最低限のことだけを子どもたちに伝え、約８割の家庭では性教育自体を子どもに教えていないという現状があります。

このような性や身体についてのリテラシーの低さは、将来的に子どもたちの健康を損ね、自らの道を狭めてしまうことにもつながるのです。

悪化していく現状を打破しようと考案した「kokokara BOX」は、年齢に合わせた性教育のアイテムと情報を届けることで、幼少期から性の正しい知識を身につけることを目的としました。

✿遊びながら学べる身体の知識

ボックスの中身は、発達心理学と生物学を参考にして、「子どもの成長過程に合わせる」ことを重視しています。中身を４段階で設定し、３～６歳を対象にした最初のボックスは、遊びながら学べる体クイズや女性器をつくってみるキット、体の大事な部分について触れる絵本などを詰め込みます。４段階目の最終ボックスは、対象年齢を12～15歳向けとし、性教育漫画や自分の身を守る知識動画（コンドームの正しいつけ方、緊急避妊薬など）、性知識が学べるボードゲームなどを届けていきます。

３～15歳まで全期間を通じて共通するのは、「遊びながら学べる体の知識」です。アプリで利用者コミュニティを運営したり、専門家からのQ&Aが読めたりと、人とのつながりも意識していきます。「世代を超えて楽しく『性』と向き合い、自分の心と体を管理することで、ひとりでも多くの人が未来の選択肢を諦めないように」――今回のプランでは、そんなチームの願いを込めました。

TITLE

お役立ち&新しい情報をお届け「女性の癒やしと子育て応援キット」

商品企画コース

TEAM

IYes

✿ママ・パパ・子どもに届く月額3,000円のお役立ちアイテム

小さな子どもを抱えながら働く女性は、常に疲れています。「ストレスから解放されたい！」「癒やされたい！」と思いつつも、自分の時間をわずかしか持てず、日々家事・育児・仕事に奮闘しています。私たちはそんな女性を癒やし、家庭でも笑顔でいてほしいという思いから、「初めての出産でも安心！　パパママのお助けキット」というサブスクリプションサービスを提供したいと考えました。

✿ママひとりの育児にしない

対象は20〜30代の有職女性で、初めての出産・育児を経験するお母さんです。育休中で会社の先輩ママから様々な情報が得られず、不安定に過ごす時期だからこそ、ママ・パパ・子ども向けのケア用品や情報冊子が毎月届くことで、育児に対して楽しみを感じ、少しでも心強く思ってもらえたらと考えました。

妊娠8カ月からの女性を対象にした同サービスは、ママが使用するホームケア商品や赤ちゃんにも安心して使える商品、そしてパパに役立つ子育て情報誌をセットにして配送します。月額3,000円の価格設定で、まさに子育て中の世帯にぴったりの商品を試すことができるのが特徴。パパが情報誌を購読することで、ママひとりでの育児にならないよう気をつけているのもポイントです。ジャンルに縛られない子育て応援グッズに触れてもらうことで、ほかにはない新鮮なサービスを楽しんでいただけたらと思いました。

TITLE

更年期の不調と不安を和らげる「あなた想いBOX」

TEAM

Fun

✿口に出せない不調を安心に変える3アイテム

30代後半から40代の女性に向けて、自らの身体のことを手軽に学び、試せる機会をつくりたいと思い、サブスクリプションサービス「あなた想いBOX」を考案しました。

この年代の女性は、周囲のヘルスリテラシーの低さも影響して、更年期障害について人に話さず放置しておくことが多いケースも。そんな中、普段からの不調に早い段階から向き合うことで、その先の過ごし方を楽に変えられるかもしれないと考え、今回の提案につながりました。

✿専門医の監修で信頼性の高い商品に

4,000円×年３回お届けの「あなた想いBOX」は、セルフチェックシート（身体や心の状態、肌や髪など見た目の状態）と「あなた想い読本」、そして実際に商品を試せる「あなた想いアイテム」の３つで構成されています。

「あなた想い読本」では同梱したアイテムの説明や、年齢と共に起こり得る身体の変化の解説、人生の先輩によるコラムを読むことができ、「あなた想いアイテム」ではデリケートゾーンケアや吸水ショーツ、アロマグッズなど、この年代の女性が抱える健康トラブルに沿った商品を提供しています。

すべて提携の専門医が監修し、信頼性の高いBOXとなるよう注意を払いました。

自社で働く女性社員の健康を維持したい企業向けには、「あなた想いBOX」のほかに従業員セミナーも開催できる体制を整え、通常の健康診断だけでは把握しにくい、女性社員の健康課題についても取り組んでいただけるようにしています。

TITLE

「キャリア研修×ヘルスリテラシー研修」のパッケージ化で女性のパフォーマンスを上げる

健康経営コース

TEAM

com-FEM-table

✿ダブル研修で培う自己肯定感

私たちにとってのウェルビーイングとは、「心と身体が健康であると感じられ、新しいことにチャレンジできる状態」です。そこで注目したのが、組織と個人のエンゲージメントを向上させることでした。双方のエンゲージメントを高めることは、企業の生産性を上げ、高い利益率をもたらし、顧客満足度を上げるだけではなく、結果的に女性の離職率を下げる効果があります。

そのため、組織にとっても女性社員個人にとっても、プラスの結果を得ることにつながるのです。このエンゲージメントを高める最善の方法として、生理痛や更年期障害などの女性特有の問題に、会社として取り組むことが重要だと考えました。

✿年代によって変わるヘルスリテラシー

こうした背景を踏まえて、今回私たちが提案したのは「キャリア研修×ヘルスリテラシー研修」のパッケージ化です。

入社したての頃からはじまり、実務担当者、リーダー、管理職にステップアップするにつれ、女性の抱える健康課題は、生理・PMS、妊活・妊娠・出産・不妊、産後うつ、更年期、介護・認知症とステージを変えてつきまとい続けます。

そんな中キャリアアップの流れと体調のステップ移行を重ね合わせて理解しておくことで、女性はどの年代になっても「私でもできる」という自信を高め、心と身体の準備をしていけるのだと考えました。

特に女性の不調のはじまりは、30代後半から40代が多く、この時期は職場の役職としても昇進し、活躍が期待される年代でもあります。しかし、体調不良への不安で昇進をためらったり、退職を考えたりしてしまう女性もいます。このようなことがないよう、組織全体で取り組まなければならない課題であることを、今回の発案を通じて強く感じました。

TITLE

食を通じてヘルスリテラシーを高める「OKOA～健康自己管理モデル～」

健康経営コース

TEAM

OKOA

✿ターゲットは若年未病女性。「食」で健康への関心を強める

私たちは、ヘルスリテラシーに無関心な若年女性をターゲットに据え、「食」からアプローチする「OKOA～健康自己管理モデル～」を提案します。同プランを発案した背景としては、８割の女性が体調不良を我慢して働いていること、中でも20代、30代の女性がPMS、貧血、食欲不振など未病状態（まだ病気にはなっていないこと）を放置している状況を改善したかったことがあげられます。

一方、企業に目を向けてみると、「女性特有の健康問題」に高い意識を向けようとしている企業が増えています。こうした企業の関心の高まりと、若年女性の低いヘルスリテラシーに注目し、双方のズレを解消し、企業と個人どちらもがきちんと健康課題に取り組める手段として本プランを発案しました。

✿ステップで健康管理ができる人になる

「OKOA～健康自己管理モデル」は、毎日摂る「食」に焦点を当てることで、誰もが気軽に参加できるようにしています。「STEP１気付き・動機付けを高める」では、「女性の健康と食を学ぶ研修制度」を取り入れることで、自らの健康について理解を深め、体調に疑問を持つよう仕向けました。年１度の健康診断と半期に１度の食生活の問診を行なうことで、女性たちがそれぞれの健康課題を見つけるよう促していきます。

「STEP２実行力を促す」段階では、自分の不調を周囲と共有し、助け合う文化を築くことを狙いとしています。さらに、食事サポートを提供し、自己管理に励んでいるご褒美感を出していきます。最終的には、アンケートで実践者の意見を吸い上げ、身体へのメリットや改善を実感してもらう仕組みにしました。定期的に健康課題を確認していくことで、「健康管理ができる自立した人材」を育てることにつながっていきます。

総評

TITLE

異業種間のつながりから見えたことを大切に

NAME

永田 潤子

どのチームも日本企業が抱える課題を具体的に示し、解決策を考えてくれました。この異業種共創「WELL WOMAN プロジェクト」は、まさに今回の発表にもあったように、自らのキャリアやエンゲージメントを高めることで、何ひとつ諦めることなく、自分らしい人生を歩んでいこうという視点で「健康経営」を捉えています。目指すところは同じにしながら、すべてのグループがまったく違う切り口でプランを練ってくれたのが素晴らしかったと思いますし、可能性を感じます。

ぜひ今回生まれた異業種間のつながりを活用して、これからも日本の「健康経営」に向けての気付きを各職場や仲間同士で深めてくれるとうれしいです。

TITLE

性別・会社・役職・年齢を超えて社会全体で考える「フェムテック」

NAME

日野 佳恵子

約４カ月間、各チームとも業務時間外に投影資料をつくったり、情報ツールを活用して議論を重ねたりと、本当に大変だったと思います。お疲れ様でした。「フェムテック」を多くの人に届けるためには、皆さんで社会を考え動かすのが一番だと思い、今年の「女性のあした大賞」（株式会社ハー・ストーリィ主催、表彰）は異業種共創プロジェクトの中で実施しました。このようなテーマで皆さんが時間をかけて積極的に取り組んでくださったことに、お礼を申し上げるとともに大変うれしく思います。今回の経験が、個人の人生においても役立つことを信じ、それぞれの職場や家庭に戻っても学んだ知識を活かして、大きく変わっていく一歩になることを願っています。

TITLE

子どものいたずらで、ママの固定観念を吹き飛ばそう「いたずらんど！」

子育てを変えるで賞

TEAM

県人会

✿子育て中に感じる孤独は母親の内面と相関

私たちは女性の貧困という社会課題から、女性の正規雇用比率が低下しやすい「出産後のママ」を中心に女性のウェルビーイングを考えました。大阪府八尾市の４カ月および３歳半健診に参加した母親を対象にした無記名アンケートによれば、子育て中に感じる孤独は、子育てへの満足感や自信の有無などという母親の内面と相関するもので、その原因は母親自身の自己効力感の欠如。つまり、「自分にはうまく子育てできる能力が備わっていない」と思っていることにあるとわかりました。また別の調査では、実に多くの母親が理想通りの母親になれず自信を失い、自分を責めている姿が浮き彫りになっています。

私たちはその原因となっている、母親自身の固定観念を取り払い、自分自身を認めることのできる状態こそが母親のウェルビーイングであると捉え、子どものいたずらでママの固定観念を吹き飛ばす「いたずらんど！」というサービスを考えました。

✿ママが「自分で自分を認められる」人生をサポート

スーパー銭湯に併設した「いたずらんど！」では、年齢ごとに分けたスペースに保育士が常駐、安心して子どもたちが遊ぶことができます。また、子どもがやりたくなるようなグッズを用意、「だめ！」「やめて！」などの言葉を言わなくてもいい環境を提供し、ママの持つ固定観念を取り払うきっかけをつくります。

「いたずらんど！」の特徴は４つあります。①ターゲットはママ、②危ない、汚れる、壊れる、迷惑をかけるなどを気にしなくていい空間、③大変な育児の中にあっても子どものいたずらを笑い飛ばせるきっかけをつくる、④共通体験を通してママ同士の関わりをつくることです。そして「いたずらんど！」の事業を継続させるために、年齢に合わせた様々な事業を提供、負の感情をプラスに転じるための事業展開を続け、子どもの成長だけでなく、ママが「自分で自分を認められる」人生のサポートを続けていきたいと考えています。子育てを日々頑張っているママが、大変なことも笑い飛ばせるように、また自分で自分を認められるようになってほしいと思います。

TITLE

カラダもココロも元気に。“好年期”実現のための新しい朝食スタイル「なないろ朝食便」

新しい朝になるで賞

TEAM

なないろ

✿家族や仕事を優先し「自分のこと」はあとまわしにしてきた更年期世代

私たちは、更年期世代の女性が毎日明るくイキイキと過ごせることを願い、商品・サービスを検討してきました。今、更年期を迎えているのは、女性ホルモンの分泌量が大きく変化する40代後半〜50代の女性で、いわゆる第二次ベビーブーム世代を含みます。また政府は2022年に「女性の更年期障害に関する実態調査と支援策の検討」を明言。国をあげた更年期対策がはじまる今こそがビジネスチャンスであると捉えました。

更年期世代の女性を見ると「女性が家事育児をすることが当たり前」と考えられた時代背景もあり、専業主婦はすべてを子ども優先のワンオペ育児をこなしてきました。妊娠・出産しながら復職したワーキングママの第一世代は、ワンオペ育児と出世のハードルを抱えながら仕事と育児を両立。雇用機会均等法の第一世代である独身キャリア組は、男性と同様の職についたものの、出世という見えない壁に向かってキャリアを築いてきました。それぞれの更年期世代の女性たちは、家族や仕事を優先し「自分のこと」はあとまわしにしてきた世代でもあります。

✿「更年期を“好年期”に変えて女性の笑顔をつくりたい！」という目標を掲げて

そこで私たちは、カラダもココロも不調を抱える更年期を、「好き」という漢字を使って「好年期」に変えることをコンセプトとし、変化を迎えるカラダもココロも愛して10年先までいきいきとした自分でいられる期間と定義しました。40〜60代の女性を対象としたある調査で今後の人生をより充実させるために必要なことを聞くと、すべての年代が健康と体力、関心の高い美容ではすべての年代でバランスのよい食事だったことに着目し、好年期のための朝食習慣を届ける「なないろ朝食便」というサービスを考えました。

このサービスは、更年期世代に合わせて、質はもちろん、薬膳や発酵など更年期の不調ケアにつながるメニュー展開や料理のおいしさを引き立たせるデザインの使い捨て容器を採用しました。

TITLE

人生100年時代の質を変えるで賞

生理がいつもと変わらない365日の1日になるために「35歳からのmyコンシェルジュ RE:SEIRI《リセイリ》」

TEAM

YOLO

✿約７年を生理とともに過ごす女性のためのアプリ

プロジェクトを通じて、私たちは女性を取り巻く現状と課題について学びました。女性の生涯における生理の回数は約400回。初潮を12歳、閉経まで40年、周期を一般的な28日と仮定すると、生理期間は約2,600日、つまり約７年という長い期間を生理とともに過ごすことになります。

その生理期間中に、約85％の人は何らかの身体の症状や悩みを抱えているという調査結果もありました。しかし多くの女性は心身の不調や不快感があっても我慢することが当たり前で、多くの時間を不本意な状態で過ごしているという課題も浮かび上がりました。

✿「生理、理性、整理」の意味を込めて

そこで私たちはディスカッションを重ね、これらを解決することが女性のウェルビーイングにつながるのではないかと課題解決のコンセプトを「私が私のコンシェルジュ」と設定しました。そこから導き出したプランが「35歳からのmyコンシェルジュ RE:SEIRI」というアプリサービスです。

サービス名にある「35歳」は、初潮から閉経までの半分のターニングポイントとなる年齢、「RE:SEIRI」という言葉には、「生理、理性、整理」という３つの意味を込めました。コンシェルジェとして、お客様一人ひとりにベストな提案をし、背中を押してくれるサービスです。

TITLE

「パパと子どもの学び」に特化した体験教室・旅行プラン予約サイト「Papako GO《パパコゴー》」

こんなパパが増えてほしいで賞

TEAM

山田錦

✿パパと子どもがともに学び過ごす時間がママのゆとりを生む

女性の活躍推進や少子化などの社会課題解決に向けて様々な取り組みが進む一方、「子どもがいる働く妻の幸福度が低い」という衝撃的な調査結果があります。その要因のひとつである「家事育児負担」を課題とし、その解決に向けてビジネスプランを考えました。

仕事と家事、育児の両方に常に追われ忙しい毎日を過ごしていることが、「子どもがいる働く妻の幸福度」を低くしている大きな要因となっていると考えられます。

私たちは、夫（パートナー）の積極的な育児参加を促し、「子どもがいる働く妻」の負担を軽減させるための「パパと子どもの学びに特化した体験教室・旅行プランの予約サイト」をビジネスプランとしました。

✿家事育児について身につく旅行

提供するのはパパと子ども双方の学びとなるような体験教室旅行。パパと子どもが出かけることでママは時間のゆとりを持てますし、学びのあるお出かけにすることでママは罪悪感を持たずにいられます。体験教室の内容は、料理や掃除の方法など、家事育児につながるもので、パパと子どもは帰宅後スムーズに家事育児に参加できます。また時間を共有することで父子の絆が深まり、子どもと過ごす不安が消えることも、ママの安心につながると考えています。

TITLE

「なりたい自分」でいるための家事ワンオペ解消アプリ「OLEKAJI《オレカジ》」

パートナーシップに不可欠になるで賞

TEAM

ハピネス

✿家事育児のワンオペからツーオペ状態を目指すスマホアプリ

私たちは、「子どものいる女性のほうが幸福度が低い」(日本版総合的社会調査)というショッキングなデータを見て、なんとかこの状況を変えたいと、家事のワンオペ解消アプリ「OLEKAJI」というサービスを企画しました。

男性の家事・育児関連時間は、この20年で2倍以上に増えたと言われていますが、女性との分担比率は依然1対6です。また働く女性が時間貧困に陥っている割合が男性より高いという調査結果もあります。私たちは「働く女性に時間がない」ことを課題と捉え、男性が積極的に関わることで家事・育児をワンオペからツーオペ状態にする必要があると考えます。

✿夫婦がワンチームとなるために

「OLEKAJI」の狙いは、気軽に利用できるスマホを活用することで、“やらされる”から“やりたい”家事育児へと男性のマインドを変えること。

「OLEKAJI 検定」など、男性の家事参加率を上げる工夫や男性のやる気、スキルの育成機能などを用意しました。とはいえこのアプリは男性のためだけのものではなく、夫婦が相互に補完し合い、ワンチームで家事ができるようにすること。働いても結婚しても子どもがいても、諦めることなく「なりたい自分」でいられるという私たちが考えるウェルビーイングの実現を目指します。

TITLE

恥ずかしい・聞きづらいから生まれる無知・理解不足を仮想空間で解決!「ふぉたば」

私たちの世界が広がるで賞

TEAM

Hygge《ヒュッゲ》

✿メタバースを活用して、誰もが自由に学び交流する場を提供

私たちは、「世界幸福度ランキング」の項目のひとつ、「他者への寛容さ」の日本の点数の低さに着目しました。多くの社会問題は、人間の心と身体のメカニズムや性差に関する無知・理解不足から生まれるハラスメントと直結します。だからこそ、性差を学び理解する場所が必要であると考えました。

そして解決のゴールを、ジェンダーや年齢に関係なく老若男女が自由に学び交流できるような場所や、差別や偏見、先入観や羞恥心にとらわれず、フラットな関係で互いが理解し合える「Hygge」(居心地のよい場所という意味のデンマーク語)空間とし、教育ヘルスケア型メタバース「ふぉたば」を企画しました。

✿仮想空間だからこそ学び体験できることがある

メタバースとは、インターネット上の仮想空間に自分の分身であるアバターが参加でき、他者とコミュニケーションするサービスのこと。「ふぉたば」の提供コンテンツは、現実世界では敬遠しがちな健康診断後の解説アドバイスをバーチャルで行ない健康を促したり、シミュレーションでハラスメントを体感したりするなど、ウェルビーイングを意識したコンテンツを提供しています。

企画スタート時のターゲットは独自の健康保険組合を持つ大企業。次のフェーズでは会社員だけではなく、老若男女の誰もが自由に学び交流できるプラットフォームとして進化せていくことができると期待できます。

総評

TITLE

ビジネスの種は課題を自分事として捉え深く考えることから

NAME

永田 潤子

「ビジネス」の語源は「ケアする」「心配事」だそうです。その語源にさかのぼると、まさにケアしたり心配事を解決したりすることがこれからのビジネスの本質だとも捉えられます。今回は、自分たちの心配事の定義、課題の設定、データを調べ、商品を開発するというとても難しいチャレンジでしたが、メンバー全員で時間と知恵を出し合いながらプロセスに真摯に取り組んでいました。ビジネス実現のためには今後、リスクやマーケット調査、顧客ニーズ等をさらに分析、考えていく必要があります。しかし、最も大切なのは「ビジネスの種」です。それは決してデータからだけで見つかるものではありません。この発表を聞いた多くの人に共感が生まれたのは、皆さんがそれぞれの課題を深く考え、自分事として捉えられた結果です。

TITLE

社会トレンドを感じ、取り入れたビジネス開発を評価

NAME

日野 佳恵子

新型コロナウイルスにより、生活は劇的に変わりました。その中で私たち人間にとって一番大事なものは、「命」であり、「健康」であり、身近な「家族」であると考えるようになり、消費の方向も大きく変わりました。世の中ではすでに、公に女性の身体について語り合い、テクノロジーで解決しようという時代が来ています。そこで、女性だけではなくすべての人がそれぞれの課題を持っていることを知り、互いに解決をしていくことが重要であると考え、「WELL WOMAN プロジェクト」第２期のテーマは、「女性ウェルビーイングと新たな企業の価値創出」としました。私自身はマーケティング視点で各チームを評価しましたが、どのチームも社会トレンドを取り入れたビジネス開発ができた点が高く評価できました。

あとがき　未来を創ることを諦めない

永田潤子

この書籍は、「WELL WOMANプロジェクト」（株式会社ハー・ストーリィ主催）での講義をベースに、プロジェクトと同様に、「フェムテックをブームで終わらせない」の意識を根底に持ち、編集を進めました。

ブームで終わらせないために、まずは環境問題で指摘される「グリーンウオッシュ（Greenwashing）」を例に考えてみたいと思います。

「グリーンウオッシュ」とは、エコや環境をイメージさせる〝グリーン〟と、〝うわべだけ・取り繕う〟を意味する〝ホワイトウォッシュ〟を合わせた言葉で、本当は環境に配慮していないにもかかわらず、配慮しているように見せかけて商品やサービスを提供することを指します。

例えば、素材は天然由来だけどその製造過程でCO_2を大量に排出している、根拠を示さずに〝環境に優しい〟とだけ打ち出す、などです。これらは、利益を上げる経済性の追求を優先するがあまりに、本質からかけ離れてしまった結果だと言えます。

ウェルビーイングに関する商材開発は大いに歓迎すべきことなのですが、グリーンウォッシュのように企業の短期的な利益追求が中心になると、私たちの生き方や社会的役割、企業の働き方といった社会全体の課題や構造に目を向けることがなくなり、根本的な解決につながらず、企業が持つ力が逆の結果を生む可能性もあります。

ビジネスプランの総評でもお話ししたように、「ビジネスとは本来、困り事、心配事が語源」であり、ソーシャルインパクトは「こんな課題を解決できればいいな」「未来にこんな社会をつくりたい」という想いがスタートです。昨今のパーパスブランディングやSDGsなども含め、「何のためにビジネスをするのか」について考える時代だと認識をすると同時に、収益を上げる経済性と、根本的な課題解決や未来をどう創るのかという社会性を、どう両立していくのかについて、さらに頭をひねることが求められるのだと思います。

簡単に答えが出るような問いではありませんが、この問いそのものがビジネスに携わる社員や関係者にとってのやりがい、働きがいの創出につながり、ウェルビーイング経営にも寄与し、一石二鳥を越えた効果をもたらすことは確かです。

「イノベーションは辺境から生まれる」という言葉があります。

例えば、訪問医療は坂の多い街である長崎で、高齢者が通院することが難しいという状況下で生まれました。また、ホームセンターは地方都市で生まれており、両方とも辺境での困り事から生まれています。これまで取り上げられなかった女性のウェルビーイングは辺境とも言え、閉塞感が漂う今の時代に風を生み、イノベーションを起こす早道としての期待も高まります。

また、VUCAの時代は、イノベーションのヒントをデータ分析に見つけることは難しく、私たちの深いところにあるインサイト（潜在ニーズの下にある本音や深層心理など）に目を向けることがキーになります。インサイトはその発見の難しさも指摘されますが、ウェルビーイングの実現は私たちが共通に持っているインサイトですので、自分自身を題材に考えることでアプローチできます。

しかし、何かと忙しく多くのことに対処しなければならない私たちの生活は、心と身体、頭と身体、意識と感覚が分離し、違和感やノイズの感覚が鈍くなり、インサイトの発見がしづらい状況にもあります。そこで、「越境」することも有効です。

「越境」とは、いつも慣れ親しんでいる環境から離れる体験をすることから新たな視点を学ぶことです。人は自分の顔を鏡に映さないとわからないように、自分のことは意外とわからないものです。ウェルビーイングの視点を持ちながらほかの分野を学んでみる、人と話してみるなどが越境学習になります。

〝女性〟を切り口に、私たちのウェルビーイングとは何かを考え、語り合い、言語化することを諦めないことも、ブームに終わらせないことにつながっていくのだと思います。

ウェルビーイングは壮大で深いテーマですが、オランダの家庭医ヒューバーは、「健康とは適応してセルフマネジメントする力」と定義し、個人や社会で変化させられる「力」としました。今ある課題を発見し対処していくことは、今を見ながら未来を創る行為であり、私たちの内側にある力を使うこと、企業として持っているリソースを活用することに、勇気が湧いてきます。

この書籍を通じて、商品やサービスを開発するだけではなく、暮らしを通じて社会を変えるイノベーション、未来をつくる思考・発想を深めていくことの助けになったとしたら、関係者のひとりとしてうれしく思いますし、私自身も「何のために」「誰のために」「どうやって」の問いの答えを探しながら、さらに歩んでいこうと思います。

あとがき　誰もが幸せな社会を目指して

日野佳恵子

本書は、大勢の方々のご協力で発刊に至りました。

社会全体に健康意識が高まっています。「女性視点マーケティング」の会社としてできることは何だろうか、と考える中で誕生したのが「ＷＥＬＬ ＷＯＭＡＮプロジェクト」です。

第１期（２０２１年）は、当時、特に関心が高まっていた女性の健康課題をテクノロジーで解決するという「フェムテック」をテーマにしました。第２期では、健康経営に取り組む企業が課題と感じはじめていた「女性のウェルビーイング」をテーマに設定しました。

プロジェクトの目的は、社会に即したビジネスプランを異業種で知恵を出し合って創造することに置いていました。ただし、テーマがテーマなだけに、専門分野の方々にお話しを聞きながら進めていくことが重要だと考え、多くのゲストスピーカーをお招きし、そのお話を踏まえながら異業種チームでディスカッションを重ねて、ビジネスモデルをつくり上げていくというスタイルを取りました。

その結果、自分が主催者ではありましたが、このプロジェクトを通じて、あまりにも知らないことが多く、専門家の皆様に意見を聞きながらビジネスプランをつくっていくことの大切さを痛感することができました。

「WELL WOMANプロジェクト」は、私自身がコロナ禍に書いた『女性たちが見ている10年後の消費社会　市場の8割を左右する「女性視点マーケティング」』（同文舘出版）の中で、女性の心身の悩みに対する課題解決が遅れていることに触れた8章「女性特有の『ブルー消費』は空白ゾーン」がきっかけです。

「女性の健康課題の解決をテーマとしたビジネスの着眼が必ず重要になってくる」と考えていました。その根拠のひとつは、私自身が、会社員、起業家としてキャリアを積む過程において、何度も婦人科系の病気に悩まされ、仕事を断念しなければならないのではないか、という場面に直面したことがあったからです。

20歳で左右の卵巣のう腫の破裂を経験します。ある日、突然のことです。激痛で緊急搬送されるも婦人科系と発見されるまでにとても時間がかかりました。左を全摘出、右は3分の2切除となり、その後、長い間、めまいや貧血などの様々な不調に悩まされながら仕事を続けるという日々でした。これがのちにホルモンバランスの崩れから起きるものだと知りましたが、当時の私には、女性外来や女性医療について知識がなく、医師からは子どもができないだろうと告げられましたが、術後の身体のケアについての指導を説明された記憶もありません。結婚後に残っていた右の卵巣の機能が生きていたことで妊娠し、子どもをひとり授かりました。しかし、20代、30代と常に身体の不調と不安を抱えながら仕事をしてきました。40代に入るとひどい更年期となり、ベッドから起きられない日々がありました。精神的なストレスだと勝手に判断し、心療内科に通ってもよくならず……。

これら私の経験は、今回の「WELL WOMANプロジェクト」に登壇された専門家の方々の講義内容を聞けば解決することが多く、今さらながらの学びに、女性は自分の身体のことを10代からでも知るべきだと強く感じました。

私は、10代にも大病をしており、10代、20代、40代と、今までに3度の手術を経験しています。病院のベッドに横になり窓の外を眺めながら「健康でなければ何もできない」ということを痛感しました。病気の怖さを知っているため、人間ドックや病院通いが頻繁になりました。女性社員を雇用するようになってからは、入社時の健康診断に婦人科系の検査を入れるようにしています。そうして子宮頸がん、卵巣のう腫、子宮筋腫、乳がんなどが発見されたケースがあります。本人も親御さんも驚きで、感謝されると同時に、22歳まで一度も婦人科系の検査をしたことがないという言葉を聞きます。

私たちが幸せに生きていくための基盤として必須なことは、「知識教育」ではないかと、プロジェクトを通じてつくづく確認しました。

「ヘルス（身体的）・ライフ（社会的）・メンタル（精神的）」という3本のリテラシー教育を得る環

境づくりこそがウェルビーイングな社会の実現につながると本プロジェクトを通じて学びました。ビジネスを目的としてスタートしたプロジェクトではありますが、参加者たちの最終企画プレゼンを聞きながら、学びの先に疑問が生まれ、疑問の先に課題が見えてくる。そしてそこから何をすべきか、何が必要か、何を創るべきか、これらが自ずとつかめていく姿を見させていただきました。

売れる商品をどうやってつくろうとか、何から手をつけたらいいのか、という考えではなく、「現実社会では何が起きているのか」を深く知ることで解決すべきビジネスが見えてきました。これこそがソーシャルビジネスへとつながっていくプロセスなのだろうと受講生たちから私が教えていただきましたし、誰もがここで踏んだステップをもとに学び、考え、行動をしていけば、素晴らしい社会ができていくとわかりました。

株式会社ハー・ストーリィは、この経験を活かして、事業そのものを「WELL WOMANプロジェクト」化させていきます。女性たちのインサイトから課題を発見し、専門家の意見を聞き、企業と共創プロジェクトに取り組み、社会課題解決事例を増やします。

同時に、女性が企業内で役員や幹部など、意思決定権を持つポストに増えてほしいと願い、私自身が代表理事を務める一般社団法人女性の実学協会を立ち上げました。この団体の設立には、金沢で金箔のトップ企業となられた株式会社箔一の故浅野邦子会長の想いが込められています。大企業だけではなく、地方各地に、女性の役員、幹部が増えていく土壌を創ることが、日本の未来を変えることだと、常に熱く語られていました。その意志を継ぎ、「女性役員候補養成塾」に力を注いでいます。女性が役員視点でビジネスを考えられる社会づくりに貢献していきたいと願っています。

「WELL WOMANプロジェクト」に関わってくださった講師陣、受講企業、受講者、スタッフ、そして全行程に伴走くださった大阪公立大学大学院の永田潤子教授に心からお礼申し上げます。

そして、出版へと導き、この活動を世に出してくださった同文舘出版の津川雅代さんには感謝しかありません。

女性のウェルビーイングから、誰もが幸せな社会へとつながるように、さらに進化を止めずに歩みます。

【著者】

対馬ルリ子
産婦人科医師／医学博士／女性ライフクリニック　院長

高宮城直子
Naoko女性クリニック　院長

笹尾敬子
一般社団法人放送サービス高度化推進協会　常務理事／
日本女性ウェルビーイング学会　代表

今村優子
株式会社リンケージ　FEMCLE Director／日本医療政策機構　フェロー

池田久美子
ダイキン工業株式会社　人事本部　ダイバーシティ推進グループ
ダイバーシティ専任部長

荘司祐子
株式会社ポーラ　人事担当執行役員

細川モモ
予防医療・栄養コンサルタント／一般社団法人ラブテリ　代表理事

米川瑞穂
株式会社日経BP　総合研究所　主任研究員　メディカル・ヘルスラボ

日根麻綾
株式会社エムティーアイ　執行役員　ヘルスケア事業本部
ルナルナ事業部　事業部長

森田敦子
株式会社サンルイ・インターナッショナル　代表／株式会社Waphyto　代表

具嶋友紀
株式会社Greenspoon　商品開発責任者

名和成明
TOPPANエッジ株式会社　中央研究所　ビジネス推進部　部長

小林味愛
株式会社陽と人（ひとびと）　代表

日野佳恵子（ひの かえこ）
株式会社ハー・ストーリィ　代表取締役／女性トレンド総研
1990年広島市にて創業。地域の女性たちのネットワークをつくり、消費者体験の意見などを企業に届けるマーケティングサービスを行なう。同時に、家庭にいる女性たちの能力を活かす人材バンクを立ち上げ、自宅で業務ができる現在のリモートワークの原点に近い就労スタイルを確立させる。女性たちのクチコミパワーに着目した書籍『クチコミュニティ・マーケティング』（朝日新聞社）はベストセラーとなる。
2010年以降、拠点を東京に移し、「女性視点マーケティング®」という消費全体の8割に影響を及ぼす女性の存在に着目したマーケティングを企業に提供している。2015年から女性消費者動向レポート「HERSTORY REVIEW」を月刊で発行。「女性のあした大賞」を開催し、女性たちの未来を支援する商品・サービスを表彰している。
著書に『女性たちが見ている10年後の消費社会　市場の8割を左右する「女性視点マーケティング」』（同文舘出版）、『女性のためのもっと上手な話し方』（ディスカヴァー・トゥエンティワン）など。
https://www.herstory.co.jp/

永田潤子（ながた じゅんこ）
大阪公立大学大学院都市経営研究科　教授
女性に門戸を開放した海上保安大学校に、ただひとり初の女子学生として入学、26歳で巡視艇船長を務める。その後も行政官や現場リーダーとしてのキャリアを積み、大学院への進学を契機に教育研究の道へ。海上保安大学校行政管理学講座助教授、大阪市立大学創造都市研究科准教授を経て2018年より現職。専門は公共経営（ソーシャルマーケティング）、組織マネジメント。買い物を通じた環境問題解決の研究代表を務めるなど、理論を活かした社会変革の実践がテーマ。また、企業の社外取締役、女性や若手人材の育成研修や講演など、企業の未来を創ることにも注力している。株式会社メガチップス社外取締役、公益財団法人国際人材交流支援機構理事、一般社団法人女性の実学協会理事。専門書のほか、『女子の働き方　男性社会を自由に歩く「自分中心」の仕事術』（文響社）、『おつかれ女子のウェルネス手帳　ココロもカラダも笑顔になれる133の気づき』（ウェルネスデザイン研究所　幻冬舎）の著書がある。
https://www.junko-nagata.com/

WELL WOMAN プロジェクト

https://www.herstory.co.jp/well-woman

株式会社ハー・ストーリィが2021年、2022年の2年間、期間限定で開催した異業種合同商品企画プロジェクト。世界的に、女性特有の健康課題への関心が高まり「フェムケア」「フェムテック」という言葉が広がる中で開催。半年間のプロジェクトでは、毎回、専門家や業界関係者を招いての講義後に、異業種チーム単位でディスカッションし、課題解決に向けた商品やサービスの企画立案を行なった。多数のユニークな企画、斬新なプランが発表され、各自が自社に持ち帰って商品・サービス開発のヒントとした。

株式会社ハー・ストーリィ

https://www.herstory.co.jp/

女性視点マーケティング専門企業。1990年創業。女性トレンド総研を抱え、女性に関わる4つの分野（消費行動・ライフコース・健康課題・活躍機会）を研究している。女性トレンドレポート月刊「HERSTORY REVIEW」、「女性ペルソナ年鑑」などを発刊。多くの企業のマーケティング基礎情報に活用されている。女性特有の行動である周囲との関係構築に着目した「女性視点マーケティング」を開発。企業への導入を促進している。

一般社団法人女性の実学協会

https://www.j-jitsugaku.org/

女性役員、管理職、リーダーを増やす目的で創設した団体。2020年創立。故浅野邦子（金沢金箔のトップ企業、株式会社箔一の創業者）の意志のもと、大企業はもとより、地方中小企業を含め、女性の活躍が全国に広がることを目指し、リモートを中心に学び、各地で同じ志の企業経営者、女性リーダーが出会う場づくりを行なっている。特に社内からの女性役員育成に注力。実践的かつ現場視点を持った人材の育成を支援している。

一般財団法人日本女性財団

https://japan-women-foundation.org/

医療、政治、経済が横に連携して、女性の健康課題を解決していくことを目指した団体。産婦人科医の対馬ルリ子代表理事の想いのもと、多くの支援者が業界を越えて参画している。女性の健康課題、中でも経済的環境による知識不足からの望まない妊娠、中絶、DV被害などに力を注ぎ、フェムシップドクターという女性の駆け込み寺的な医療機関を横に連携させ、全国各地で多くの女性たちを支援している。

※本書の印税収益は、一般社団法人女性の実学協会と一般財団法人日本女性財団へ寄付し、働く女性の学習支援やウェルビーイング教育に活用します

※本書に掲載した内容は、2023年6月時点の情報に基づいて作成しております

新しいビジネスをつくり出す
「女性たちのウェルビーイング」マーケティング

2023年 8 月15日 初版発行

監修者 ―― WELL WOMAN プロジェクト

著 者 ―― 日野佳恵子 永田潤子

発行者 ―― 中島豊彦

発行所 ―― 同文舘出版株式会社

東京都千代田区神田神保町 1-41 〒101-0051
電話 営業 03 (3294) 1801 編集 03 (3294) 1802
振替 00100-8-42935
https://www.dobunkan.co.jp/

ISBN978-4-495-54138-5
印刷／製本：萩原印刷
Printed in Japan 2023